高卒程度公務員試験

# 畑中敦子の
# 初級
# The BEST NEO
ザ・ベストネオ
# 判断推理

畑中敦子 著

エクシア出版

# はじめに

## ■ 判断推理ってナニ？

　判断推理は、**推理クイズのようなもの**で、与えられた条件を整理して、選択肢の正誤を判断する問題がほとんどです。

　また、空間把握と言われる図形分野もあり、パズルのような問題が出題されます。

　クイズやパズルというと、発想力や閃きが必要なように思われますが、解法パターンを覚えて、練習問題をこなすことで、たいていの問題は解けるようになります。

　この科目は、公務員試験独特のものですから、スタートラインはみんな一緒です。

## ■ どうやって勉強するの？

　ほとんどの問題には、解法パターンがありますので、まずは、しっかり**解法パターンをマスターする**ことが大事です。

　そして、一通りのパターンをマスターしたら、あとは、練習問題をこなして慣れることですね。

　判断推理の勉強は、「訓練」のようなものですから、長く時間を空けると鈍ってしまいます。できれば、少しずつでいいので**毎日勉強する**ことをおすすめします。

　尚、本書を活用した勉強法は、4ページを参考にしてください。

　判断推理の問題は、解けるようになるとけっこう楽しいものが多いので、決して無理をせず、自分のペースで勉強してください。楽しいと思えたら、その時点で「得意科目」となっているはずです。

　本書を活用された皆さんが、本試験で実力を十分に発揮し、目標を叶えられますことを、スタッフ一同心よりお祈りしております。

2021年5月

畑中敦子

# INDEX

# 本書の使い方

## 命題と論理

頻出度 ★★★★☆ ｜ 重要度 ★★★★★ ｜ コスパ ★★★★☆

論理的な思考力を試す問題ですが、「論理式」や「ベン図」という解法で、機械的に解ける問題が多いです。まずは、その使い方をマスターしましょう！

満点は★5つ！
頻出度は低くても、他につながる内容は重要度 up！ ちょっとした努力で get できるならコスパは大！

ガイダンス
内容や傾向を軽く紹介！

### 基本事項

>>> 1. 論理式

真偽がはっきりしている文章を「命題」といい、「AならばBである」という命題を「A → B」と表し、これを「論理式」といいます。Aに当てはまるものは、すべてBに当てはまるという意味です。

たとえば、「猫は動物である」は「猫 → 動物」のように表します。

基本事項
必要なことはしっかり確認！

### PLAY 1　議案の賛否の組合せを考える問題　　　海上保安学校など 2019

A，B，Cの3人に、四つの議案について賛成か反対かを尋ね、その答えをもとに、多数決によって、各議案を採択するかどうかを決めた。次のことが分かっているとき、確実にいえるのはどれか。

○　どの二つの議案についても、3人の答えの組合せが同一になったものはなかった。
○　四つの議案のうち、BとCがともに反対と答えたものはなかった。
○　Cは、全ての議案について、自分の答えと多数決の結果が一致していた。

1．Aの答えと多数決の結果が一致した議案は、二つであった。
2．Aの答えとCの答えが一致した議案は、二つであった。
3．BとCが共に賛成と答えた議案は、三つであった。
4．2人のみが賛成と答えた議案は、一つのみであった。
5．多数決の結果、三つの議案が採択された。

条件を満たす賛否の組合せは 4 通りしかないからね。

PLAY
問題はすべて過去問。厳選された良問ばかり！

出典
表記について、5ページに補足あり！

コメント
その問題について、ちょっと一言！

### アドバイス

本問の年齢差はわりと小さい数字なので、数直線に目盛りを付けたけど、もし、10才差とか、大きな数字になったときは、次のように書けばいいね！

アドバイス
ちょっとした情報や注意事項、ときどき裏ワザも！

# 本書を活用した勉強法

本書を活用したおすすめの勉強方法だよ。参考にしてね！

## STEP 1

　まず、問題（本書では『PLAY』と表示します）と解説を読んで、解法を理解しましょう。

　もちろん、自力で解けそうなら解いてみてもいいですが、初めは解法を理解することが大切ですから、解いた後で解説と照らし合わせてみましょう。

　判断推理の解法はひとつとは限りませんから、解説の解法より自分に合った解法があれば、それで構いませんし、**より効率のいい解法を考えてみる**のも良い勉強になるでしょう。

## STEP 2

　解説を読んで理解した場合は、今度は自力で解いてください。必ず、紙を使って手を動かして解くようにしましょう。1問ずつでもいいですし、何問かまとめてでも構いません。

　もし、間違えたり、解けなかったりした場合は、再び解説を読んで確認し、もう一度解いてみましょう。**きちんと解けるようになるまで繰り返し解いてみてください。**

# STEP 3

　全ての問題を1周終えたら、次は2周目です。今度は初めから自力で、時間を計って解いてみましょう。目標時間は問題によって異なりますが、概ね2～5分程度です。

　余りつまずくことなくある程度の時間で解けたら、その問題は「合格」ですが、間違えたり、かなり時間がかかった問題は「不合格」です。

　いずれにしても、かかった時間を書いておきましょう。

# STEP 4

　3周目は、2周目で「不合格」とした問題をもう一度解いてみます。あとはこれの繰り返しで、「合格」になるまで解いてみましょう。

　もちろん、「合格」した問題でも、まだタイムを縮められそうであればトライしてみてください。全ての問題に納得して「合格」が出せたら、本書の役割は終わりです。

　本書を終えた後は、ご自身が受験する試験の過去問をできる限り解いて、出題傾向を把握してください。

　また、時間配分の計画をしっかり立て、模擬試験などでシミュレーションすることもおすすめします。

## ◆出典表記について

　過去問の出典表記のうち、「海上保安学校など」「海上保安大学校など」は、以下の各試験が該当します。

| 海上保安学校など | 海上保安学校、入国警備官、航空保安大学校、皇宮護衛官 |
|---|---|
| 海上保安大学校など | 海上保安大学校、気象大学校 |

# #1 順序関係

順序関係の問題は、判断推理の最頻出分野の1つです! しかも、とっつきやすく、得点しやすい分野です! パターンを覚えて、確実に得点源にしましょう!!

---

**PLAY 1**　1列に並べる問題　　　　　　　　　　　　警視庁Ⅲ類 2010

　A，B，C，D，E，Fの6人が前を向いて縦一列に並んでいる。次のア〜ウのことが分かっているとき、確実にいえるものはどれか。

　　ア　AとBの間には3人おり、CとEの間には1人いる。
　　イ　Bのすぐ後ろにはFが並んでいる。
　　ウ　Cが並んでいるのは前から4番目ではない。

1. Aは一番前に並んでいる。
2. BはDより前に並んでいる。
3. Cは一番後ろに並んでいる。
4. DはCより前に並んでいる。
5. Eは前から4番目に並んでいる。

> まずは、条件を図や式に表してみよう。

　本問のような順番の推理の問題は、条件を図や式に表して、効率良く組み合わせていくのがポイントになります。たとえば、条件アは、次のような図（以下、「ブロック」と呼びます）に表します。

左側が前方向だよ!

　アはいずれも、AとB、CとEのどちらが前かわからないので、図のようにそれぞれ2通りが考えられるわけですが、ここで2通りずつ書くのは面倒です

から、片方だけ書いて、入れ替えたものも OK だと覚えておけばいいでしょう。

　もし、忘れそうであれば、たとえば、次のように（　）を付けるなど、「入れ替え OK」の印を決めておけばいいですね。

自分なりにわかりやすい印を決めておくといい！もちろん、入れ替えたものと両方書いておいても OK！

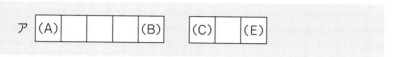

ア

| (A) | | | (B) |
|---|---|---|---|

| (C) | | (E) |
|---|---|---|

　同様に、条件イ，ウは、次のように表します。

イ

| B | F |
|---|---|

ウ　C ≠ 4 番目

　条件アの前半と条件イには、ともに B がありますので、まず、この 2 つのブロックを組み合わせます。

　ここで、A と B を入れ替えたものそれぞれについて考えると、A，B，F の並び方については、図 1 の 3 通りがあることがわかります。

図 1

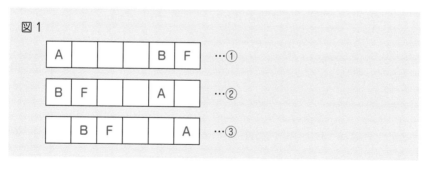

　しかし、③については、条件アの後半を満たすように C と E を当てはめることができませんね。

　①，②については、条件ウより、C が 4 番目にならないように C と E を入れ、残る部分には D を入れて、図 2 のように成立します。

図2

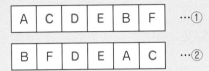

これより、選択肢を検討します。

肢1は、①ではOKですが、②ではNGですから、確実にはいえません。

逆に、肢2～4は、②ではOKですが、①ではNGなので、やはり確実にはいえません。

残る肢5のみ、①, ②の両方ともOKで、確実にいえます。

2通り成立するので、「確実にいえる」ためには、その両方でいえることが必要!

➡ 正解5

---

**PLAY2** 1列に並べる問題　　　　　　　　特別区Ⅲ類 2017

A～Gの7人が空港で待ち合わせをした。今、空港に到着した順番について、次のア～エのことが分かっているとき、確実にいえるのはどれか。ただし、同時到着はなかった。

　ア　Aは、Eの次に到着した。
　イ　Bは、Gより前に到着し、BとGの間には、1人が到着した。
　ウ　Aは、4～6番目、Gは、5～7番目のいずれかに到着した。
　エ　FとCは、Bより前に到着した。


1．Bは4番目に到着した。
2．Cは最初に到着した。
3．Dは6番目に到着した。
4．Fは2番目に到着した。
5．Gは5番目に到着した。

PLAY1の類題だよ。条件を図や式に整理してみよう。

条件を次のように図や式に表します。

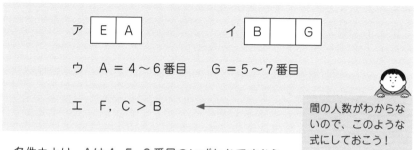

ウ　A＝4～6番目　　G＝5～7番目

エ　F，C＞B　←　間の人数がわからないので、このような式にしておこう！

　条件ウより、Aは4，5，6番目のいずれかですから、アのブロックの入る部分は図1の3通りがあります。

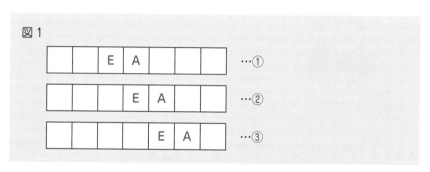

　さらに、Gは5，6，7番目のいずれかですが、②と③はこれを満たすようなイのブロックの入る部分はありませんので、①に決まり、図2のようになります。

図2

| | | E | A | B | | G |
| --- | --- | --- | --- | --- | --- | --- |

　残る部分に、条件エを満たすようFとCを入れると、図3のようになり、残るDが6番目とわかります。FとCは1番目と2番目ですが、どちらが先かはわかりませんので、<u>図のように（　）を付けて、「入れ替えOK」</u>としておきましょう。

まだ続きがあるなら、FとCを入れ替えた図も書いてもいいけど、ここはこれで十分！

図3

| (F) | (C) | E | A | B | D | G |
|-----|-----|---|---|---|---|---|

　これより、選択肢を検討すると、肢2と肢4は可能性がありますが確実にはいえず、正解は肢3となります。

→ 正解 3

　A〜Eの5人の徒競走の結果について、以下のことがわかっている。5人の順位を1つに確定できるとき、空所（　ア　）に入る条件として、最も妥当なのはどれか。

　　○　5人の中に同着の者はいなかった。
　　○　AとCの順位は2つ違いであった。
　　○　BはCより順位が上であった。
　　○　DはEより順位が下であった。
　　○　（　ア　）

1.　Aは4位であった。
2.　Bは2位であった。
3.　Cは1位であった。
4.　Dは5位であった。
5.　Eは3位であった。

選択肢の条件を加えて並び方が決まるか確認する問題。こういう出題パターンも時々あるからね。

2～4番目の条件を図や式に表します。2番目の条件にあるAとCはどちらの順位が上かわかりませんので、（　）を付けて、「入れ替えOK」としておきます。

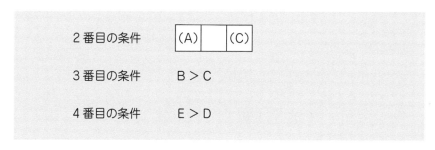

2番目の条件　　(A)　　(C)

3番目の条件　　B＞C

4番目の条件　　E＞D

この条件を満たす順位は何通りもありますが、本問は、これに（ア）の条件を加えると、5人の順位が確定するわけですから、これより、各肢の条件を加えて確認します。

**肢1**　Aが4位の場合、2番目の条件より、Cは2位になりますので、3番目の条件より、Bは1位になります。

| B | C |   | A |   |

そうすると、4番目の条件より、Eは3位、Dは5位に決まり、次のように、順位が確定します。

| B | C | E | A | D |

**肢2**　Bが2位の場合、2，3番目の条件より、AとCの順位は次の3通りが考えられます。

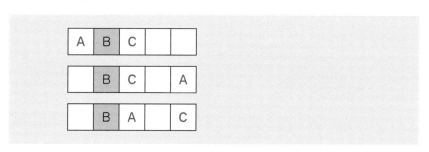

| A | B | C |   |   |

|   | B | C |   | A |

|   | B | A |   | C |

それぞれについて、4番目の条件より、DとEの順位は次のようになり、いずれも成立しますので、順位は確定しません。

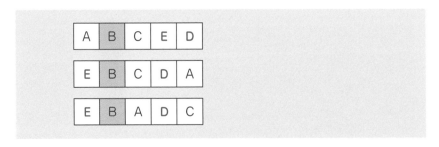

| A | B | C | E | D |
| --- | --- | --- | --- | --- |

| E | B | C | D | A |
| --- | --- | --- | --- | --- |

| E | B | A | D | C |
| --- | --- | --- | --- | --- |

**肢3** Cが1位の場合、3番目の条件を満たしませんので、成立しません。

**肢4** Dが5位の場合については、肢1の成立例と、肢2の成立例の1番上の例だけでも、2通りの成立例が確認できます。
よって、順位は確定しません。

**肢5** Eが3位の場合、2番目の条件より、AとCは2位と4位のいずれかで、次の2通りが考えられます。

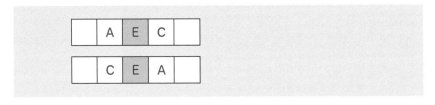

|  | A | E | C |  |
| --- | --- | --- | --- | --- |

|  | C | E | A |  |
| --- | --- | --- | --- | --- |

そうすると、3、4番目の条件より、Bは1位、Dは5位に決まり、いずれも成立しますので、順位は確定しません。

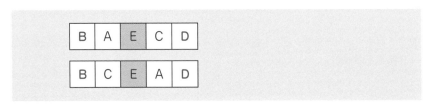

| B | A | E | C | D |
| --- | --- | --- | --- | --- |

| B | C | E | A | D |
| --- | --- | --- | --- | --- |

以上より、正解は肢1です。

⇒ **正解1**

　マラソンに出場したA〜Eの5選手の、折り返し地点以降（後半）の様子と、前半と後半の順位変動について次のことがわかっている。

　ア　Aは1人抜き、順位を1つ上げた。
　イ　Bは1人抜いたが、別の1人に抜かれ、順位に変わりはなかった。
　ウ　Cは、Bを含む2人に抜かれ、1人も抜けなかった。
　エ　Eは3人抜き、順位を3つ上げた。

　このとき、確実に言えることは次のうちどれか。

1.　AはCを抜いて1位になった。
2.　BはEに抜かれて4位になった。
3.　Cは前半の3位から5位に後退した。
4.　DはAとEの2人に抜かれた。
5.　EはAとBとCの3人を抜いた。

> 前半と後半で順位が変動するよ。まずは、誰の順位がどう変わったか整理してみよう。

　前半と後半の5人の順位を、変動などの条件を考慮して推理します。まず、条件を一通り確認すると、折り返し → 後半で、Dを除く4人の順位の変動は次のようになります。

　　　ア　A ⇒ 順位を1つ上げた
　　　イ　B ⇒ 順位に変動はなかった
　　　ウ　C ⇒ 順位を2つ下げた
　　　エ　E ⇒ 順位を3つ上げた

　これより、最も順位の変動が大きかったのはEで、4位→1位、または、5位→2位のいずれかですから、ここで、次のように場合分けをします。

### （1）Eが4位→1位の場合
　図1のように、前半の順位（折り返し点での順位）と後半の順位（最終順位）を記入する図を用意し、Eを記入します。
　空いている部分で、条件アを満たすAが入れるところを探すと、3位→2位、または、5位→4位のいずれかで、①，②の2通りが考えられます。

図1

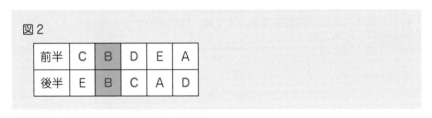

ここで、条件イ，ウより、BとCの順位について考えると、CはBに抜かれたので、前半はC＞Bで、後半はB＞Cとなります。

しかし、Bは結果的に順位に変動はありませんので、①の場合は、前半後半とも5位しか入れるところがありませんが、それでは、後半がB＞Cとならず、成立しません。

また、②については、Bが入れるのは、前半後半とも2位または3位のいずれかですね。2位の場合、図2のように、Cは1位→3位で、残るところにDを入れて成立しますが、3位の場合、Cが入るところがなく成立しません。

図2

| 前半 | C | B | D | E | A |
|---|---|---|---|---|---|
| 後半 | E | B | C | A | D |

### (2) Eが5位→2位の場合

同様に、図3のように、Eを記入して、Aが入れるところを探すと、③，④の2通りがあります

図3

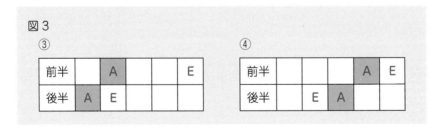

③の場合、条件イ，ウを満たすBとCを同様に考えると、Bは前半後半とも4位、Cは3位→5位で、残るところにDを記入して、図4のように成立します。

しかし、④の場合、Bは前半後半とも1位しか入れるところがありませんが、それでは、前半はC＞Bとならず、成立しません。

図4

| 前半 | D | A | C | B | E |
|------|---|---|---|---|---|
| 後半 | A | E | D | B | C |

　これより、図2、4の2通りが成立し、選択肢を検討すると、肢2、3は可能性がありますが確実にはいえず、肢4が正解となります。

 正解4

## PLAY 5 順位の変動を考える問題

警視庁Ⅲ類 2008

A～Fの6チームで6区間に分けられた駅伝を行った。この6チームの4～6区間の順位について、次のア～キのことがわかっている。このとき、優勝したチームはどれか。

ア　同じ区間では、順位が同じチームはなかった。
イ　Dチームの5区の順位は、4区の順位より3つ下がった。
ウ　AチームとBチームの5区と6区の順位は、それぞれ前の区間に比べて1つずつ上がった。
エ　Fチームは、4～6区間とも同じ順位であった。
オ　Bチームの6区の順位は、Cチームの4区の順位と同じであった。
カ　Dチームは、Eチームより常に順位が上であった。
キ　Eチームは、4区ともう1区間の順位が5位であった。

1. A　　2. B　　3. C　　4. D　　5. F

**本問は3区間の変動を考えるよ。さらに複雑になるけど、がんばって！**

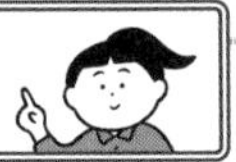

4～6区間の6人の順位を、変動などの条件を考慮して推理します。3区間ありますので、図1のような図に整理することになります。条件キの**4区のE**は、この段階で入れてしまいましょう。

図1

| | | | | | | |
|---|---|---|---|---|---|---|
| 4区 | | | | | E | |
| 5区 | | | | | | |
| 6区 | | | | | | |

では、直接書き入れられない条件を図や式に表します。条件アは理解しておきましょう。条件イ～キは次のようになります。

図2

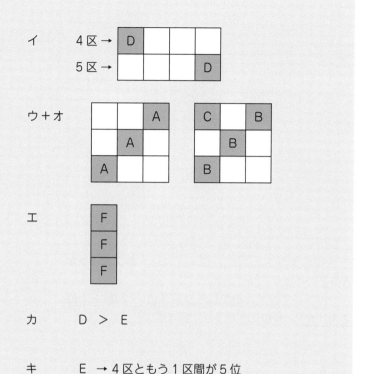

条件イより、Dの4区→5区は、1位→4位、2位→5位、3位→6位の3通りが考えられますが、条件力より、Dが6位になることはないので、3位→6位を除く2通りとなります。

条件ウのA，Bや、条件エのFのブロックが入る部分は3通り以上ありますから、条件イで2通りに場合分けします。

A，Bは、3→1位、4→2位、6→4位の3通り、Fは5位以外の5通りが、この段階では考えられるね！

## （1）Dが1位→4位の場合

図3のように、Dを記入します。

空いている部分で、条件ウ＋オのブロックが入れるところを探すと、BとCのブロックは、図3の①，②の2通りが考えられます。

図3

① 

| 4区 | D | C | | B | E | |
| --- | --- | --- | --- | --- | --- | --- |
| 5区 | | | B | D | | |
| 6区 | | B | | | | |

② 

| 4区 | D | | | C | E | B |
| --- | --- | --- | --- | --- | --- | --- |
| 5区 | | | | | D | B |
| 6区 | | | | | B | |

　しかし、②の場合、Aのブロックは、3位→2位
→1位に入ることになり、これでは、Fのブロックが
入るところがなくなります。
　①については、Aのブロックを3位→2位→1位
に入れると、6位にFが入り、図4のようになります。

6位→5位→4位
に入れると、やはり
Fのブロックは入ら
なくなるからね！

図4

| 4区 | D | | A | B | E | F |
| --- | --- | --- | --- | --- | --- | --- |
| 5区 | | | A | B | D | F |
| 6区 | A | B | | | | F |

　5区については、条件カより、Eが5位に入りますので、残るCが1位とな
ります。
　そうすると、条件キより、6区のEは5位ではありませんから、条件カより、
Eは4位で、Dは3位、残るCは5位となって、図5のように成立します。

図5

| 4区 | D | C | A | B | E | F |
|---|---|---|---|---|---|---|
| 5区 | C | A | B | D | E | F |
| 6区 | A | B | D | E | C | F |

これが成立した時点で、優勝チームは「A」でOK！（2）も成立したとしても、答えは1つに決まるはずだしね！

## （2）Dが2位→5位の場合

図6のように、Dを記入すると、条件キより、Eは6区で5位となり、BとCのブロックが入れる部分は、図の1通りに決まります。

図6

| 4区 |   | C | D | B |   | E |   |
|---|---|---|---|---|---|---|---|
| 5区 |   |   | B |   |   | D |   |
| 6区 |   | B |   |   |   | E |   |

そうすると、Aのブロックは4位→3位→2位に決まり、Fのブロックは6位になり、図7のようになります。

図7

| 4区 | C | D | B | A | E | F |
|---|---|---|---|---|---|---|
| 5区 |   | B | A |   | D | F |
| 6区 | B | A |   |   | E | F |

しかし、この場合、5区で条件カを満たすようにEを入れることができず、成立しません。

よって、図5のみ成立し、優勝したチームはAとなり、正解は肢1です。

⇨ 正解 1

　A～Eの5人の選手が、それぞれ赤，青，黄，緑，黒の異なる色のゼッケンを着け、長距離走を行った。次のことが分かっているとき、確実にいえるのはどれか。

　　○　青のゼッケンの選手がゴールした後、1人おいてからAがゴールした。
　　○　Bは、赤のゼッケンの選手よりも先にゴールした。
　　○　Cは、Eよりも先にゴールした。
　　○　Dがゴールした後、3人おいてから緑のゼッケンの選手がゴールした。
　　○　黒のゼッケンの選手は、4番目にゴールした。

1．最初にゴールした選手は、青のゼッケンを着けていた。
2．Aは、4番目にゴールした。
3．黄のゼッケンの選手の次に、赤のゼッケンの選手がゴールした。
4．Cは、黒のゼッケンの選手よりも先にゴールした。
5．Eは、緑のゼッケンを着けていた。

> A～Eの5人とゼッケンの色という2項目の対応を考えながら
> 順番を推理するよ。

　まず、1～5番目の条件を①～⑤として、次のように表します。

①　| 青 |  | A |

②　B ＞ 赤

③　C ＞ E

④　| D |  |  | | 緑 |

⑤　黒 ＝ 4番目

　5人の順序関係ですから、④より、Dは1番目、緑のゼッケンの選手は5番目となります。これに⑤を合わせて、図1のように整理します。

図1

| 選手 | D | | | | |
|---|---|---|---|---|---|
| ゼッケン | | | | 黒 | 緑 |

このように、選手とゼッケンを別の列に記入するのがポイント！

これより、Bは2番目以降、赤のゼッケンの選手は3番目以内なので、②より、Bは2番目、赤は3番目となり、図2のようになります。

図2

| 選手 | D | B | | | |
|---|---|---|---|---|---|
| ゼッケン | | | 赤 | 黒 | 緑 |

さらに、①より、（青，A）＝（1番目，3番目）または（2番目，4番目）ですから、ここで次のように場合分けをします。

## (1)（青，A）＝（1番目，3番目）の場合

③より、Cは4番目、Eは5番目で、黄のゼッケンの選手が2番目となり、図3のようになります。

図3

| 選手 | D | B | A | C | E |
|---|---|---|---|---|---|
| ゼッケン | 青 | 黄 | 赤 | 黒 | 緑 |

## (2)（青，A）＝（2番目，4番目）の場合

③より、Cは3番目、Eは5番目で、黄のゼッケンの選手が1番目となり、図4のようになります。

図4

| 選手 | D | B | C | A | E |
|---|---|---|---|---|---|
| ゼッケン | 黄 | 青 | 赤 | 黒 | 緑 |

以上より、図3、4の2通りが成立します。

これより、選択肢を検討すると、いずれにも当てはまるのは肢5のみで、これが正解です。

⇨ 正解5

　A～Dの4人がキャンプ場でキャンプを行うこととし、食事係、テント係、レクリエーション係、会計係の四つの係のうち、それぞれ異なる一つを担当した。また、キャンプ場への交通手段はバス、リフト、ゴンドラ、ロープウェーの4種類があり、4人はそれぞれ異なる一つの交通手段を用いてキャンプ場に集合した。キャンプ場への4人の到着順について次のことが分かっているとき、確実にいえるのはどれか。

　ただし、キャンプ場に同時に到着した者はいないものとする。

　○　レクリエーション係を担当した者の次にAが到着し、その次にゴンドラ
　　　を利用した者が到着した。
　○　ロープウェーを利用した者の次にBが到着し、その次にテント係を担当
　　　した者が到着した。
　○　Cは食事係で、バスを利用した者の次に到着した。

1. Aは2番目に到着した。
2. Bは3番目に到着した。
3. Cはリフトを利用した。
4. Dは会計係であった。
5. Dはバスを利用した。

A～Dの4人と係と交通手段の3項目の対応を考えることになるよ。PLAY6と同様に整理してみよう。

3つの条件を、順に①～③として、次のように図に表します。

| ① | レ | A | ゴ | | ② | ロ | B | テ | | ③ | バ | C＝食 |

4人の順序関係ですから、①，②のブロックは、1
～3番目または2～4番目となります。この2つの
ブロックは、それぞれ<u>真ん中がAとB</u>ですから、<u>全
く重なることはありません</u>ので、片方が1～3番目
で、もう片方が2～4番目となります。
これより、次のように場合分けをします。

両方とも1～3番目と
いうことはないよね！？

## （1）①が1～3番目の場合

②のブロックが2～4番目に入り、図1のようになります。

図1

| A～D | | A | B | |
|---|---|---|---|---|
| 係 | レ | | | テ |
| 交通手段 | | ロ | ゴ | |

③より、Cは1番目ではないので、4番目となります。しかし、図1では、
4番目はテント係で、ゴンドラを利用した人の次に来ており、矛盾します。
よって、成立しません。

## （2）①が2～4番目の場合

②のブロックが1～3番目に入り、図2のようになります。

図2

| A～D | | B | A | |
|---|---|---|---|---|
| 係 | | レ | テ | |
| 交通手段 | ロ | | | ゴ |

③のブロックは３～４番目に入ります。これより、残るＤが会計係で１番目、リフトを利用した者が２番目となり、図３のように成立します。

図３

| A～D | D | B | A | C |
|---|---|---|---|---|
| 係 | 会 | レ | テ | 食 |
| 交通手段 | ロ | リ | バ | ゴ |

これより、確実にいえるのは肢４となります。

⇨ 正解４

## PLAY 8 数直線に整理する問題

裁判所事務官Ⅲ種 2010

Ａ～Ｅの５人の年齢差について、次のア～カのことが分かっているとき、ａ～ｄのうちで確実に言えるもののみをすべて挙げているのはどれか。

ア　ＤはＣより２才年上である。
イ　ＤとＥの年齢の差は３才ではない。
ウ　ＢとＣの年齢の差は１才である。
エ　ＣとＥの年齢の差は５才である。
オ　ＢとＤの年齢の差は３才である。
カ　ＢとＡの年齢の平均はＣとＤの年齢の平均に等しい。

ａ　Ａが最高齢である。
ｂ　Ｃは２番目に年齢が高い。
ｃ　年齢の高い順に１列に並ぶと、ＢとＤの間には１人存在する。
ｄ　Ｅが最高齢である。

1．ａ，ｂ　　2．ａ，ｃ　　3．ａ，ｄ　　4．ｂ，ｄ　　5．ｃ，ｄ

数直線に年齢差の情報を記入していくよ。

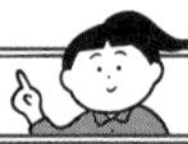

本問の「年齢差」のような条件は、数直線を使うと便利です。
年齢が高いほうを右方向において、条件アを図1のように表します。

図1

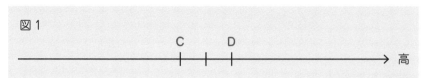

次に、条件ウ，エより、Cを中心にBとEの位置
を考えると、それぞれ図2の2通りが考えられます。

「年齢差」だけでは、
どちらが上かわからな
いからね。

図2

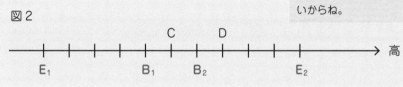

ここで、条件オより、Bについては、$B_1$に決まり、また、Eについては、
$E_2$は条件イを満たさず、$E_1$に決まります。
さらに、条件カについて、CとDの年齢の平均は、
ちょうど真ん中である図3の「平均」の位置になり
ますので、BとAの平均も同じ位置となるよう、A
の位置を取ると、図のようになります。

たとえば、10才と12
才なら、その平均は真
ん中の11才の位置に
なるよね！

図3

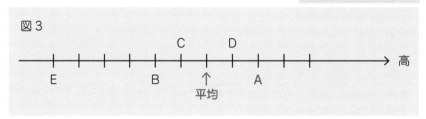

以上より、a～dを検討すると、aとcが確実にいえ、肢2が正解となりま
す。

⇨ 正解2

## アドバイス

　本問の年齢差はわりと小さい数字なので、数直線に目盛りを付けたけど、もし、10才差とか、大きな数字になったときは、次のように書けばいいね！

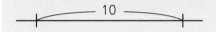

---

**PLAY 9**　数直線に整理する問題　　　　　裁判所事務官Ⅲ種 2011

　ある場所に集合したA〜Eの5人の到着時刻について、次のア〜オのことが分かっているとき、確実に言えるものはどれか。

- ア　AとBの差は2分である。
- イ　BとCの差は5分である。
- ウ　CはDより1分遅い。
- エ　DとEの差は2分である。
- オ　EとAの差は4分である。

1. AはBより2分遅い。
2. CはBより5分遅い。
3. DはEより2分遅い。
4. EはCより1分遅い。
5. 最も遅く到着したのはCである。

> 本問も数直線に時刻の情報を記入するよ。場合分けはできるだけ少なくなるよう基準を選ぼう。

　時間の遅いほうを右方向にとって、数直線に整理します。
　条件ア，イはどちらが先かわかりませんので、条件ウのCとDを先に書きます。これに、条件イのBを加えると、図1の①，②の2通りが考えられます。

> この後もさらに場合分けが続きそうなときは、図を分けて書いたほうが無難だよ！

図1

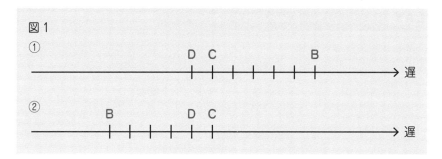

　さらに、条件アより、Aの位置についてそれぞれ図2の2通りずつが考えられます。

図2

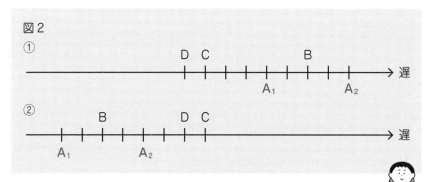

　ここで、条件エ，オをともに満たすEの位置を考えます。EはDとの差が2分、Aとの差が4分ですから、①の場合は、$A_1$，$A_2$のどちらに対しても、条件を満たすEの位置はありません。

残るはEのみなので、ここで条件はすべて使っちゃおう!

　②の場合は、図3のように、$A_1$に対しては$E_1$、$A_2$に対しては$E_2$の位置で、それぞれ条件を満たします。

図3

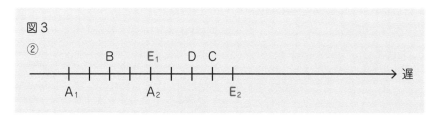

　これより、選択肢を検討すると、図3の2通りのいずれにも当てはまるのは肢2とわかります。

➡ 正解2

　　AとBの2人はイギリス，フランス，ドイツ，イタリアの4か国を視察のために訪問した。滞在期間は4か国7日間で、次のことがわかっている。

　ア　Aは初めにイギリスへ行き、次にイタリアを訪ねた。
　イ　Bは、ドイツへはイタリアよりも前に訪ね、最後に訪ねたのはフランスであった。
　ウ　2人が同じ国に滞在したのは3日目と6日目の2日だけであった。
　エ　2人ともフランスの滞在期間は2日間である。
　オ　同じ国に3日以上滞在したのはAだけである。

　　2人とも1つの国に少なくとも1日は滞在し、また、同じ国に再度訪れることはなかったとすると、確実にいえるのは次のうちどれか。

1．2日目、Aはイギリスに、Bはドイツに滞在した。
2．3日目、2人ともイタリアに滞在した。
3．4日目、Aはイタリアに、Bはイギリスに滞在した。
4．5日目、Aはフランスに、Bはイギリスに滞在した。
5．6日目、2人ともドイツに滞在した。

> AとBのスケジュールを表に整理してみよう。

　　AとBの7日間のスケジュールを表に整理します。
　　まず、条件イ，エより、Bの6，7日目はフランスとわかり、条件ウより、6日目はAもフランスとなりますが、7日目の2人は異なる国に滞在していますので、Aのフランスは5，6日目となります。
　　そうすると、Aは、フランスの後、もう1か国訪れていますので、条件アより、イギリス → イタリア → フランス → ドイツの順とわかります。これより、1日目はイギリス、4日目はイタリア、7日目はドイツとわかり、ここまでを表1のように記入します。

表1

|   | 1 | 2 | 3 | 4 | 5 | 6 | 7 |
|---|---|---|---|---|---|---|---|
| A | イギ |  |  | イタ | フ | フ | ド |
| B |  |  |  |  |  | フ | フ |

2人が同じ国に滞在した3，6日目に色を付けておくよ！

また、条件オより、Aは、イギリスかイタリアのいずれかに3日以上滞在していますので、2，3日目は、ともにイギリス、ともにイタリアのいずれかとなり、ここで、次のように場合分けをします。

## （1）Aの2，3日目がイギリスの場合

条件ウより、Bの3日目もAと同じイギリスとなりますが、1，2日目はイギリス以外に滞在しています。また、条件オより、Bはイギリスに3日以上滞在していませんので、5日目もイギリス以外に滞在しています。

そうすると、条件イより、Bは1，2日目がドイツ、5日目がイタリアで、4日目はイギリスとわかり、表2のようになります。

イタリアだと、条件ウに反するからね。

表2

|   | 1 | 2 | 3 | 4 | 5 | 6 | 7 |
|---|---|---|---|---|---|---|---|
| A | イギ | イギ | イギ | イタ | フ | フ | ド |
| B | ド | ド | イギ | イギ | イタ | フ | フ |

## （2）Aの2，3日目がイタリアの場合

同様に、Bの3日目はイタリアですが、2，4日目はイタリア以外ですから、条件イより、1，2日目はドイツ、4，5日目はイギリスとなり、表3のようになります。

表3

|   | 1 | 2 | 3 | 4 | 5 | 6 | 7 |
|---|---|---|---|---|---|---|---|
| A | イギ | イタ | イタ | イタ | フ | フ | ド |
| B | ド | ド | イタ | イギ | イギ | フ | フ |

よって、表2，3の2通りが成立し、選択肢を検討すると、正解は肢3です。

➡ 正解3

A〜Eの5人の体重の平均は、ちょうど60kgである。最も体重が重いのは、Dの69kgで、次に体重が重い者との差は4kgである。また、Eの体重は55kgであり、Aとの差は10kg、Bとの差は3kg、Cとの差は4kgである。これから確実にいえるのはどれか。

1. Aの体重は45kgであり、5人のうち、最も軽い。
2. BとDとの体重差は11kgである。
3. Cの体重は51kgであり、5人のうち、最も軽い。
4. CとDとの体重差は10kgである。
5. Eの体重は、重いほうから3番目である。

> 平均との差を計算して条件を満たす数を考えよう。

最も体重が重いDは69kgですから、次に体重が重い者は69 − 4 = 65（kg）です。

また、Eの体重は55kgですから、2番目に体重が重い者との差は65 − 55 = 10（kg）で、A〜Cのうち、Eとの差が10kgであるAが2番目に体重の重い者とわかります。

これより、A，D，Eの体重と平均60kgとの差を計算すると、表1のようになります。

表1

|  | A | B | C | D | E |
|---|---|---|---|---|---|
| 体重 | 65kg |  |  | 69kg | 55kg |
| 平均との差 | +5 |  |  | +9 | −5 |

A，D，Eの平均との差を合計すると +9 ですから、残るBとCで −9 となりますが、この2人はEとの差がそれぞれ3kg、4kgなので、次のような式で表します。

平均との差を合計すると、±0になるよね！

$$B = E + 3 \quad \text{または} \quad B = E - 3$$
$$C = E + 4 \quad \text{または} \quad C = E - 4$$

$$E = -5 \text{を代入して、} B = -2 \quad \text{または} \quad B = -8$$
$$C = -1 \quad \text{または} \quad C = -9$$

　これより、BとCの合計が−9になる組合せを考えると、B＝−8，C＝−1 に決まり、表2のようになります。

表2

|  | A | B | C | D | E |
|---|---|---|---|---|---|
| 体重 | 65kg | 52kg | 59kg | 69kg | 55kg |
| 平均との差 | +5 | −8 | −1 | +9 | −5 |

以上より、選択肢を検討すると、肢4が正解とわかります。

 正解 4

AからEの5人の身長について次のアからエのことが分かっている。

ア　Aの身長はBより8cm低い。
イ　BとCの身長差は9cmである。
ウ　Dの身長は5人の中で一番低く、5人の平均身長より8cm低い。
エ　Eの身長は180cmで5人の平均身長より10cm高い。

以上のことから確実にいえるものとして、最も妥当なのはどれか。

1.　Aの身長はCより低い。
2.　BとDの身長差は7cmである。
3.　Bの身長は175cmである。
4.　CとEの身長差は5cmである。
5.　Cの身長は178cmである。

本問も平均との差を考えるよ。

　条件ア，イは数直線に整理できますが、条件ウ，エがここにつながりませんので、まずは、これらの条件からわかることを考えます。
　条件エより、5人の平均身長は 180 − 10 = 170（cm）とわかりますから、条件ウより、Dの身長は 170 − 8 = 162（cm）となります。
　平均身長との差を取ると、Dは −8cm、Eは +10cm で、2人の合計は +2cm です。
　そうすると、A〜Cの3人の合計は −2cm となりますので、ここで、条件ア，イを次のような式で表します。

$$\text{ア}\quad A = B - 8$$
$$\text{イ}\quad C = B + 9 \quad \text{または、}\quad C = B - 9$$

　このように、AとCはいずれもBの式で表せますので、条件イのそれぞれの場合について、A〜Cの合計が −2 になるよう方程式を立てて求めます。

①C＝B＋9の場合

A＋B＋C＝−2に、A＝B−8，C＝B＋9を代入して、
$$B−8＋B＋B＋9＝−2$$
$$3B＋1＝−2$$
$$3B＝−3 \qquad ∴B＝−1$$

②C＝B−9の場合

A＋B＋C＝−2に、A＝B−8，C＝B−9を代入して、
$$B−8＋B＋B−9＝−2$$
$$3B−17＝−2$$
$$3B＝15 \qquad ∴B＝5$$

これより、A〜Cの平均身長との差を計算すると、次のようになります。

①の場合

B＝−1を、A＝B−8，C＝B＋9に代入して、
$$A＝−9，C＝＋8$$

②の場合

B＝5を、A＝B−8，C＝B−9に代入して、
$$A＝−3，C＝−4$$

ここで、①については、**Aの身長がDの身長より低いことになり、条件ウに**反します。

よって、②に決まり、5人それぞれの平均身長との差と実際の身長は次のようになります。

|  | A | B | C | D | E |
|---|---|---|---|---|---|
| 平均との差 | −3 | ＋5 | −4 | −8 | ＋10 |
| 身長 | 167cm | 175cm | 166cm | 162cm | 180cm |

これより、選択肢を検討すると、肢3が正解とわかります。

 正解3

　A，B，Cの3人は、ある企業の同じ部署に勤務している。ある日の3人の出勤時間及びそれぞれが持っている時計の示す時刻について次のことが分かっているとき、出勤状況に関する記述として最も妥当なのはどれか。

- ○　Aは8時55分に出勤したが、Aの時計は8時57分を示していた。
- ○　Bの時計は、Aの時計より1分遅れていた。
- ○　Cの時計は、Bの時計より3分遅れていた。
- ○　BもCも自分の時計で8時58分に出勤した。

1. Aは、Bの3分前に出勤した。
2. Bは、Aの時計で8時57分に出勤した。
3. Bは、Cの3分後に出勤した。
4. Cは、Aの5分後に出勤した。
5. 3人とも、8時台に出勤した。

> 各人の時計の時刻を推理するよ。基準になる時刻を決めて時計の
> 示す時刻を整理してみよう。

　Aが出勤した8時55分におけるA～Cの時計が示す時刻を調べます。Aの時計は8時57分で、正しい時刻より2分進んでいます。
　Bの時計はAより1分遅れているので8時56分を示し、正しい時刻より1分進んでいます。
　また、Cの時計はBより3分遅れているので8時53分を示し、正しい時刻より2分遅れています。
　ここまでをまとめると、次表のようになります。

|  | A出勤 | 誤差 |
|---|---|---|
| 正しい時刻 | 8:55 |  |
| Aの時計 | 8:57 | 2分進み |
| Bの時計 | 8:56 | 1分進み |
| Cの時計 | 8:53 | 2分遅れ |

　ここで、最後の条件からBとCの出勤した時刻を計算します。
　Bの時計が8時58分を示したときの正しい時刻は、Bの時計より1分前の

8 時 57 分で、Ｃの時計が 8 時 58 分を示したときの正しい時刻は、Ｃの時計より 2 分後の 9 時 00 分とわかります。

　これより、選択肢を検討すると、妥当なのは肢 4 で、これが正解となります。

⇨ 正解 4

---

## PLAY **14** 時計の時刻を推理する問題

東京消防庁 III 類 2010

　Ａ〜Ｃの 3 人が、午前 10 時ちょうどに公園の時計の前で待ち合わせた。3 人とも自分の時計を持っており、それぞれの到着についてア〜エのことがわかっているとき、確実にいえることとして、最も妥当なのはどれか。

　ア　公園の時計は正しい時刻から 3 分進んでいた。
　イ　Ａが到着したとき、公園の時計は待ち合わせ時刻の 7 分前だったが、Ａの時計は待ち合わせ時刻の 1 分前を示していた。
　ウ　Ｂが到着したのは待ち合わせ時刻の 4 分前だったが、Ｂの時計は待ち合わせ時刻の 6 分前を示していた。
　エ　Ｃが到着したのは待ち合わせ時刻の 1 分後だったが、Ｃの時計は待ち合わせ時刻の 4 分後を示していた。

1.　Ａが到着したとき、正しい時刻は午前 9 時 56 分だった。
2.　Ｂの時計では、Ｃは待ち合わせ時刻の前に到着していた。
3.　Ｃの時計は公園の時計より進んでいた。
4.　正しい時刻の午前 10 時に、Ｂの時計は午前 9 時 57 分だった。
5.　正しい時刻と最も誤差が少ないのは、Ｃの時計だった。

> Ａ〜Ｃが到着したときの各人の時計の時刻を整理してみて。

　条件より、Ａ〜Ｃが到着した時刻の情報を表に整理します。
　まず、条件イより、Ａが到着したとき、公園の時計は 9 時 53 分でしたが、条件アより、3 分進んでいますので、正しい時刻は 9 時 50 分となります。このとき、Ａの時計は 9 時 59 分を示していたので、Ａの時計は 9 分進んでいるとわかります。
　ここまでを表 1 のように整理します。

表1

|  | A到着 | B到着 | C到着 | 誤差 |
|---|---|---|---|---|
| 正しい時刻 | 9:50 |  |  |  |
| 公園の時計 | 9:53 |  |  | 3分進み |
| Aの時計 | 9:59 |  |  | 9分進み |
| Bの時計 |  |  |  |  |
| Cの時計 |  |  |  |  |

　次に、条件ウより、Bが到着したのは9時56分で、このとき、Bの時計は9時54分を示していたので、Bの時計は2分遅れていることになります。

　また、条件エより、Cが到着したのは10時01分で、このとき、Cの時計は10時04分を示していたので、Cの時計は3分進んでいることになります。

　ここまでで、表2のようになります。

表2

|  | A到着 | B到着 | C到着 | 誤差 |
|---|---|---|---|---|
| 正しい時刻 | 9:50 | 9:56 | 10:01 |  |
| 公園の時計 | 9:53 |  |  | 3分進み |
| Aの時計 | 9:59 |  |  | 9分進み |
| Bの時計 |  | 9:54 |  | 2分遅れ |
| Cの時計 |  |  | 10:04 | 3分進み |

　これをもとに、選択肢を検討します。

**肢1**　Aが到着したのは9時50分です。

**肢2**　Cが到着したのは10時01分ですが、このとき、Bの時計は2分遅れていますので、9時59分を示していたことになります。
　　　よって、本肢は確実にいえます。

**肢3**　Cの時計は3分進んでいますから、公園の時計と同じです。

**肢4**　Bの時計は2分遅れていますので、午前10時には9時58分を示しています。

**肢 5** 最も誤差が少ないのは、Bの時計です。

⇨ 正解 2

# #2 位置関係

頻出度 ★★★★★　　重要度 ★★★★★　　コスパ ★★★☆☆

順序関係と同様に、条件を図式化して解きますが、やや複雑になります。
ここも頻出分野ですので、頑張って得意分野にしましょう！

## PLAY1　配置を推理する問題

海上保安学校など 2013

　図のように、各階が3室からなる3階だてのアパートがある。次のことが分かっているとき、確実にいえるのはどれか。

- ○　A〜Fの6人が住んでいる。
- ○　各階にはそれぞれ空室があるがそれらは相異なる列にある。
- ○　Aは1階の端の室に住んでいる。
- ○　Bは3階の端の室に住んでいる。
- ○　Cは1階にある空室のすぐ上の室に住んでいる。
- ○　Cの室の両隣はDの室と空室である。

|  | 1列 | 2列 | 3列 |  |
|---|---|---|---|---|
|  |  |  |  | 3階 |
|  |  |  |  | 2階 |
|  |  |  |  | 1階 |

1.　Aの室のすぐ上は空室である。
2.　Bの室の隣は空室である。
3.　Dの室のすぐ上の室は空室である。
4.　Eのすぐ上の室にはDが住んでいる。
5.　Fの室のすぐ上の室にはBが住んでいる。

まずは、図に記入できる条件から入れていこう。場合分けは最小限で済むようにね。

1，2番目の条件から、9室のうち6室に住民がおり、3室は空室で、空室は各階各列に1室ずつとわかります。ここは頭に入れておきましょう。

　5，6番目の条件にはCが共通していますので、これらをつなげると、図1の2通りが考えられます。

図1

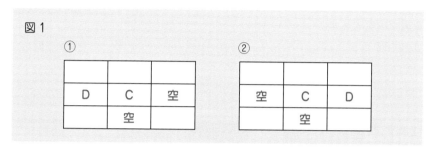

　条件より、3階の空室は、①の場合は1列、②の場合は3列に決まりますので、4番目の条件より、Bの室はそれぞれ図2のようにわかります。

図2

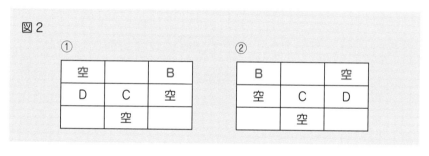

　さらに、3番目の条件より、Aの室は1階の両端のいずれかですから、残る1階の室と3階の2列のいずれかがEとFの室となり、図3のように表します。

図3

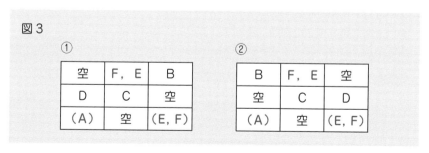

これより、選択肢を検討します。

肢1, 4は、可能性はありますが、Aと「E, F」の室が確定しないので確実にはいえません。

肢2, 5は誤りで、確実にいえるのは肢3となります。

( ) を付けた「A」と「E, F」は入れ替えOK！
EとFは、「E, F」と「F, E」のいずれかに1人ずつということをしっかり確認しておこう！

➡ 正解 3

---

## PLAY 2　配置を推理する問題　　警視庁Ⅲ類 2012

次の図のようなマンションにA～Lの12人が相異なる部屋に住んでおり、他の部屋は空き部屋になっている。次のア～キのことがわかっている。

| 401 | 402 | 403 | 404 |
|-----|-----|-----|-----|
| 301 | 302 | 303 | 304 |
| 201 | 202 | 203 | 204 |
| 101 | 102 | 103 | 104 |

ア　AはGと隣同士である。
イ　Bのすぐ下の部屋にE、Eのすぐ下の部屋にFが住んでいる。
ウ　Cの両隣にはDとHが住んでいる。
エ　Iのすぐ上の部屋にKが住んでいる。
オ　JはFの隣に住んでいる。
カ　LはCのすぐ上の部屋に住んでいる。
キ　104, 302, 404は空き部屋である。

このとき、確実にいえるのはどれか。

1. AとBは隣同士に住んでいる。
2. Eの両隣は空き部屋である。
3. Fのすぐ下の部屋にはHが住んでいる。
4. Hは101に住んでいる。
5. JとKは同じ階に住んでいる。

条件が多いけど、できるだけ図や式に表してわかりやすくしよう。

条件ア〜カを、次のように図に表します。

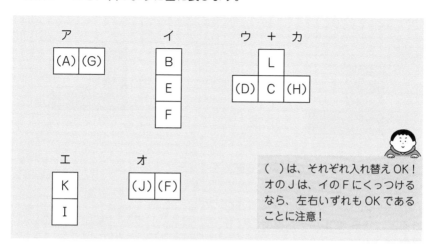

また、条件キより、空き部屋を確認すると、図1のようになります。

図1

| | | | 空 |
|---|---|---|---|
| | 空 | | |
| | | | |
| | | | 空 |

図1の空き部屋以外で、（ウ＋カ）の図が入る部分を考えると、図2の2通りがあります。

図2

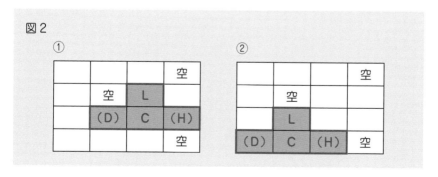

さらに、イとオの図が入る部分を考えると、それぞれ図3のようになります。

図3

①

|  |  |  | 空 |
|---|---|---|---|
| B | 空 | L |  |
| E | (D) | C | (H) |
| F | J |  | 空 |

②

|  |  | B | 空 |
|---|---|---|---|
|  | 空 | E |  |
|  | L | F | J |
| (D) | C | (H) | 空 |

　残る部分で、アとエの図が入る部分を探すと、①についてはエの図が入らず、条件を満たしません。
　これより、②に決まり、アとエを図4のように入れると、<u>残る304が空き部屋</u>になることがわかります。

部屋数は16、住んでいるのは12人だから、空き部屋は4つあるからね！

図4

| [A] | [G] | B | 空 |
|---|---|---|---|
| K | 空 | E | 空 |
| I | L | F | J |
| (D) | C | (H) | 空 |

同じかっこの者同士は、入れ替えOKだよ！

　図4より、選択肢を検討すると、肢1，3，4は、可能性はありますが、AとG、DとHは入れ替え可能なので確実にはいえず、肢5は誤りで、確実にいえるのは肢2とわかります。

正解2

## PLAY 3　配置を推理する問題

警視庁Ⅲ類 2018

A～Hの８人が会議に出席し、下の図のようなテーブルに向かって着席した。各自の着席状況について以下のことがわかっているとき、確実にいえることとして、最も妥当なのはどれか。

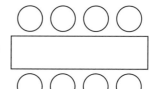

・Aの正面にはGが座っている。
・Bはテーブルの端の席に座っている。
・Cの正面の一人おいた隣にはＦが座っている。
・Dの右隣にはＣが座っている。
・Hの両隣にはＢとＦが座っている。

1.　Aの右隣にはＥが座っている。
2.　Bの左隣にはＨが座っている
3.　Dの正面にはＢが座っている。
4.　Eの正面にはＦが座っている。
5.　Gの左隣にはＦが座っている。

**本問は座席の推理だよ。左右の条件には気を付けて！ みんなテーブルに向かって座っているからね。**

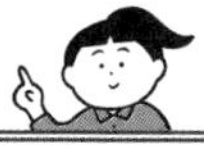

2，5番目の条件より、端からＢ，Ｈ，Ｆと並んでおり、３番目の条件より、Ｆの１人おいた隣の正面にはＣが座っていますので、４人の位置関係は図１のようになります。

図１

| | | |
|---|---|---|
| C | | |
| B | H | F |

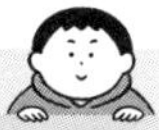

この図の上下左右入れ替えた図もみんな OK！
ＢとＣが端になるのを忘れないでね。

Ｂの正面の**Ｃも端の席**ですので、４番目の条件より、Ｃの隣の**ＤはＨの正面**とわかります。

ここで、Ｄの右隣がＣになるような位置関係は、図２の２通りとなりますね。

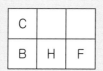

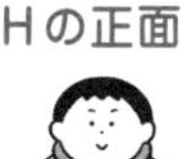

みんな、テーブルのほうを向いて座っているからね。

図2

① 

| C | D |   |
|---|---|---|
| B | H | F |

②

| F | H | B |
|---|---|---|
|   | D | C |

それぞれについて、1番目の条件より、AとGは図3の位置になり、残る席にEを入れて、図のようになります。

図3

①

| C | D | E | (A) |
|---|---|---|-----|
| B | H | F | (G) |

②

| (A) | F | H | B |
|-----|---|---|---|
| (G) | E | D | C |

AとGはそれぞれ
入れ替えOK！

これより、選択肢を検討すると、確実にいえるのは肢4となります。

⇨ 正解4

　A～Hの8人が図のような配置でテーブル前の椅子に座り、天丼かうな重のどちらかを食べている。次のことが分かっているとき、確実にいえるのはどれか。

　ただし、テーブルの角を挟んで座っている場合は、隣に座っているとはいわないものとする。

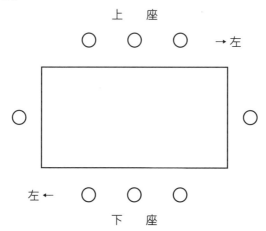

○　Aは上座に座っており、Aの両隣に座っている者は、うな重を食べている。
○　Bの正面の隣に座っている者は、天丼を食べているEである。
○　C、Cの正面に座っている者、Cから見て二つ左隣に座っている者の3人は、同じものを食べている。
○　Dの正面に座っている者は、うな重を食べているHである。
○　EとGは隣り合って座り、同じものを食べている。
○　横に3人並んで座っている者のうち、1人は他の2人と違うものを食べている。

1．Bの正面に座っている者はCである。
2．Dは天丼を食べている。
3．Eから見て左隣に座っている者はFである。
4．Gはうな重を食べている。
5．天丼を食べている人数とうな重を食べている人数は同じである。

A～Hと、天丼・うな重の対応を考えながら位置関係を推理するよ。

1番目の条件より、Aは上座の真ん中の席ですから、図1のように記入します。さらに、その他の席を①〜⑦とすると、①と②はうな重で、6番目の条件より、Aは天丼とわかります。

図1

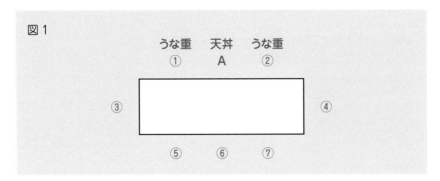

3番目の条件より、Cは、2つ左隣に席があるので、①または⑦ですが、いずれにしても、正面の者と2つ左隣の者は②と⑤のいずれかですから、Cと⑤は、②と同じうな重となります。

ここで、2番目の条件を満たすBの席を考えると、正面の隣に、天丼を食べているEがいることから、①または②となり、いずれにしても、Eは⑥に決まり、5番目の条件より、Gは⑦で、Eと同じ天丼となります。

⑤〜⑦の向かい側で天丼を食べているのはAだけだからね。

これより、Cは①で、Bは②となり、図2のようになります。

さらに、4番目の条件より、DとHは③と④のいずれかで、残るFは⑤となりますね。DとHの席は確定しませんので、図2のように（　）を付けて、入れ替えOKとしておきます。

図2

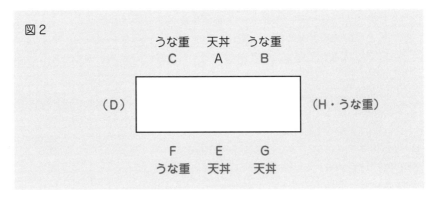

これより、選択肢を検討すると、正解は肢3となります。

⇨ 正解3

次の図のような十字型の道路に面してＡ〜Ｊの 10 軒の家が並んでいる。今、次のア〜エのことが分かっているとき、Ｂの家の位置として有り得るのはどれか。ただし、各家の玄関は道路に面して１つであり、図では東西南北の方向は示されていない。

ア　Ａの家の玄関は北を向いている。
イ　Ａの家の東隣の家の道路をはさんだ正面にＢの家がある。
ウ　Ｃの家は道路をはさんだＢの家の正面になり、玄関は南を向いている。
エ　Ｄの家はＥの家の北隣で玄関は西を向いている。

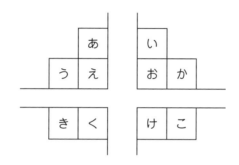

1. あ　　　2. い　　　3. え　　　4. く　　　5. け

方角を考慮してＡ〜Ｅの家の位置を考えるよ。問題の図を横や逆さまにしながら見るといいね。

条件ア〜ウより、Ａ〜Ｃの家の位置関係、条件エより、ＤとＥの家の位置関係は、それぞれ①，②のようになります。

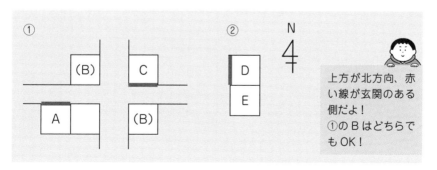

上方が北方向、赤い線が玄関のある側だよ！
①のＢはどちらでもＯＫ！

与えられた図では、東西南北の方向が示されていませんので、それぞれの方向別に①，②の当てはまる部分を検討します。

## （1）図の上方が北方向の場合

①の当てはまる部分を探すと、AとCの家は、それぞれ「き」と「お」に決まり、図1のようになります。

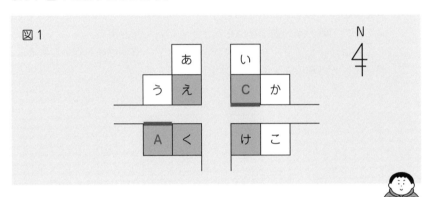

図1

しかし、この場合、②の入る部分がなく、条件を満たしません。

> Dの玄関が西向きの道路に面していることに注意！

## （2）図の上方が東方向の場合

左方が北になりますので、北を上方にすると図2のようになりますが、これではAの家に該当する部分がありません。

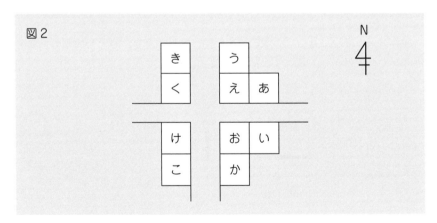

図2

## （3）図の上方が南方向の場合

下方が北になりますので、北を上方にすると図3のようになります。

ここで、①の当てはまる部分を探すと、AとCの家は「か」と「く」に決まり、残る部分で②が当てはまる部分を探すと、DとEの家は「え」と「あ」に決まります。

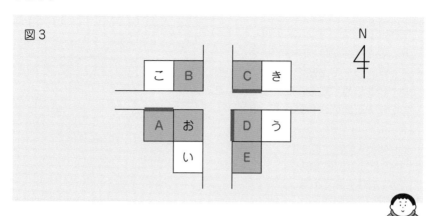

図3

　この場合、Bの家は、図のように「け」の位置になりますね。

ここで、肢5が正解とわかるね。

## （4）図の上方が西方向の場合

　右方が北になりますので、北を上方にすると図4のようになります。
　ここで同様に、①，②の当てはまる部分を探すと、図のようになり、この場合のBの家は「お」の位置になります。

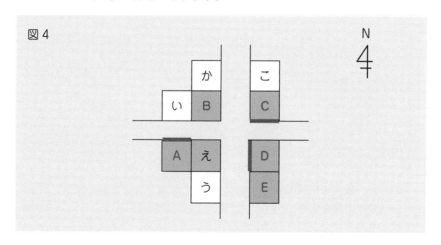

図4

　以上より、Bの家の位置として有り得るのは「け」と「お」とわかり、肢5の「け」が正解となります。

⇨ 正解5

6人用の丸テーブルにA〜Eの5人が座っている。ア〜エの条件がなりたつ時、A〜Eのテーブルの位置関係として、確実に言えることとして、最も妥当なのはどれか。

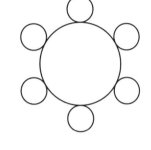

 ア　Cの正面にDが座っている。
 イ　Bから見て左側にCが座っている。
 ウ　Bから見て右側にEが座っている。
 エ　Eの正面にAが座っている。

1. Aの隣は空席である。
2. Bの正面は空席である。
3. Cの隣は空席である。
4. Dの隣は空席である。
5. Bの隣にCが座っている。

6個の座席に区別はないから、誰かの席を適当に決めて考えてみて。

丸いテーブルの周りの6個の席は、特に区別はありませんので、回転して同じになる位置関係は同じものと考えます。
　たとえば、次の2通りは同じと考えるということです。

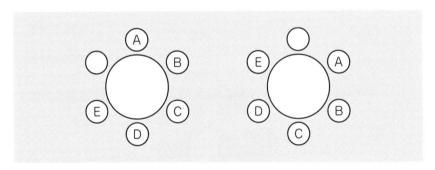

すなわち、各人の位置関係だけを考えることになりますから、まず、適当な条件から誰かの席を決め、それにしたがって他の席を検討することになります。
　では、条件アより、CとDの席を図1のように決め、他の席を①〜④とします。

図1

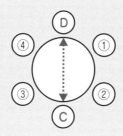

条件イより、Bの席は図1の①または②のいずれかです。Bの席が決まれば、条件ウ，エを満たすEとAの席も決まりますので、ここで場合分けをします。そうすると、それぞれ図2のようになり、残る席は空席とわかります。

図2

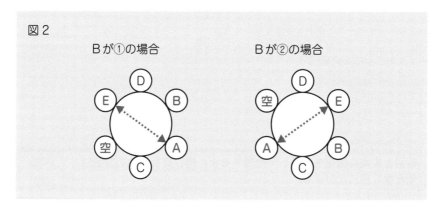

Bが①の場合　　　　　　　Bが②の場合

図2の2通りより、選択肢を検討すると、肢2以外は、可能性はありますが確実にはいえず、正解は肢2となります。

⇨ 正解2

CとD、AとEがそれぞれ向かい合ってるんだから、Bと空席が向かい合っているのはすぐにわかるんだけどね…。

　Ａ，Ｂ，Ｃの３人の男性と、Ｄ，Ｅ，Ｆの３人の女性は、男女３組の夫婦である。この６人が図のような円卓に男女交互に座っているが、夫婦同士は隣り合って座っていない。Ａの１人おいた隣にＣが座っており、Ｂの右隣にはＤが座っている。Ｆの左隣にはＥの夫が座っている。このとき、確実にいえるのは次のうちどれか。

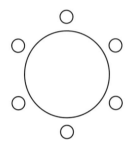

1.　ＡとＤは夫婦である。
2.　ＢとＦは夫婦である。
3.　ＣとＤは夫婦である。
4.　ＣとＥは夫婦である。
5.　ＡとＦは夫婦である。

 性別と夫婦の情報を考慮して推理するよ。男女交互に座る方法はそんなに多くないよね。

　条件より、Ｂとその右隣のＤの席を図１のように決め、他の席を①〜④とすると、男女は交互に座っていますので、①と③がＡとＣのいずれか、②と④がＥとＦのいずれかとなります。

図１

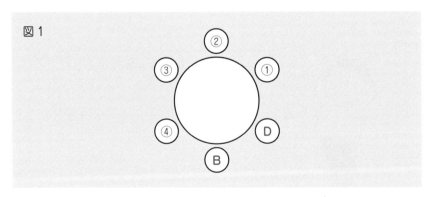

ここで、条件より、ＥとＦの席について考えると、Ｅが②、Ｆが④の場合、Ｆの左隣の③がＥの夫になり、夫婦同士は隣り合わないという条件に反します。

　よって、Ｆが②、Ｅが④に決まりますが、ＡとＣについては①と③のいずれかは特定しませんので、図２のように表します。

図２

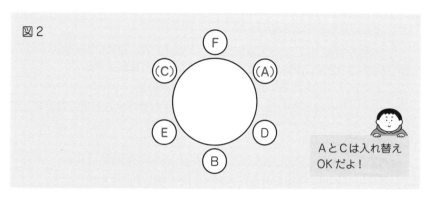

ＡとＣは入れ替えOKだよ！

　各人とも、自分の両隣と真向かいは異性ですが、夫婦同士は隣り合わないので、向かい合って座っているとわかります。

　そうすると、ＡとＣが特定しないので、確実に夫婦とわかるのはＢとＦのみで、正解は肢２となります。

$\Rightarrow$ 正解２

この問題を作った人、夫婦仲がうまくいってないのかな…。

　ある都市における、スタジアム，体育館，水泳場，馬術場，選手村の５つの施設の位置関係について、次のア～オのことが分かっているとき、確実にいえるのはどれか。

　　ア　選手村の真北に体育館がある。
　　イ　体育館の南西にスタジアムがあり、スタジアムの南東に馬術場がある。
　　ウ　選手村の北東に水泳場があり、水泳場の真南に馬術場がある。
　　エ　スタジアム，馬術場，選手村は一直線上にある。
　　オ　スタジアムから選手村までの距離は、選手村から水泳場までの距離と等しい。

1. 体育館は水泳場の北西にあり、スタジアムは水泳場の南西にある。
2. 馬術場は選手村の南東にあり、体育館は馬術場の真北にある。
3. 水泳場から馬術場までの距離は、スタジアムから体育館までの距離より短い。
4. 選手村からスタジアムまでの距離は、スタジアムから体育館までの距離より長い。
5. スタジアムから水泳場までの距離は、水泳場から馬術場までの距離と等しい。

> 上を北方向として図を描いてみよう。直角三角形などの図形の特徴も考えてね。

　まず、条件ア，イより、選手村の真北に体育館、その体育館の南西にスタジアムがありますね。また、そのスタジアムの南東に馬術場がありますが、条件エより、スタジアムと馬術場を結ぶ直線上に選手村もありますので、**スタジアムの南東に選手村がある**とわかり、図１のような位置関係となります。

　この３つの施設を結ぶ三角形は<u>直角二等辺三角形</u>となりますので、体育館とスタジアムの距離を $a$ とすると、スタジアムと選手村の距離も $a$、体育館と選手村の距離は $\sqrt{2}a$ と表せます。

> 45° 45° 90° の角を持つ直角三角形で、3辺の長さの比は $1:1:\sqrt{2}$ だね。
> ここは、数的推理でしっかり勉強するよ！

図 1

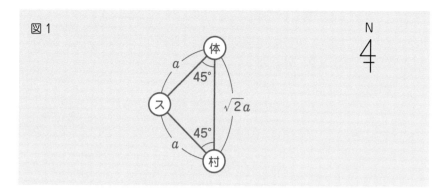

さらに、条件ウ、オより、選手村の北東に水泳場を、距離が $a$ となるように配置します。ここで、水泳場はスタジアムの真東にあることが確認できますね。そして、その水泳場の真南に馬術場がありますが、条件エより、馬術場は選手村の南東とわかります。

ここで、選手村、水泳場、馬術場の 3 つの施設を結ぶ三角形も、図 1 と同じ大きさの直角二等辺三角形となり、距離も図 2 のようにわかります。

図 2

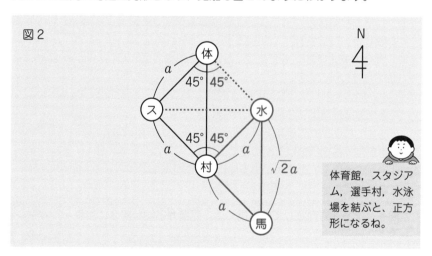

体育館、スタジアム、選手村、水泳場を結ぶと、正方形になるね。

これより、選択肢を検討します。

**肢 1** スタジアムは水泳場の真西にあります。

**肢 2** 体育館は馬術場の真北にはありません。

**肢 3** 水泳場から馬術場までの距離は $\sqrt{2}a$ で、スタジアムから体育館までの距離は $a$ ですから、前者のほうが長いです。

**肢 4** 選手村からスタジアムまでの距離と、スタジアムから体育館までの距離

は、いずれも $a$ で等しいです。

**肢5** スタジアムから水泳場までの距離と、水泳場から馬術場までの距離は、いずれも $\sqrt{2}a$ で等しいです。

よって、正解は肢5です。

 正解 5

---

**PLAY 9** 方角と距離の関係から図を描く問題 　　　特別区Ⅲ類 2014

　A〜Fの6つの塔がある。今、次のア〜エのことが分かっているとき、確実にいえるのはどれか。

　　ア　A塔の真北にはB塔があり、真西にはE塔がある。
　　イ　C塔の真南にはD塔があり、真西にはF塔がある。
　　ウ　B塔とC塔の距離は、C塔とD塔の距離よりも遠く、A塔とB塔の距離と等しい。
　　エ　B塔の真北にはF塔があり、B塔とF塔の距離とC塔とD塔の距離はそれぞれ等しい。

1. A塔からはB塔よりE塔のほうが遠い。
2. A塔からC塔までの距離とA塔からF塔までの距離は等しい。
3. A塔から一番遠いのはF塔である。
4. B塔から他の全ての塔までの距離は全て等しい。
5. B塔からはC塔よりE塔のほうが遠い。

> 本問も、上を北方向として図を描くよ。距離が不明な部分に注意して！

　条件ア，イについて、それぞれの位置関係を図1のように表します。
いずれも方角のみで、距離については不明ですから注意してください。

図1

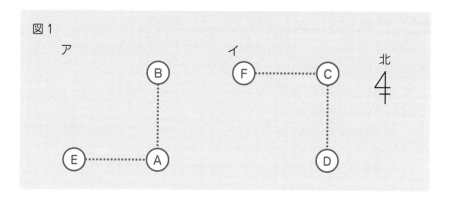

ここで、条件エより、BとFの位置関係から、アとイの図を合わせます。
さらに、条件ウ，エより、BC＝AB、BF＝CDとなるように整えると、図2のようになります。

図2

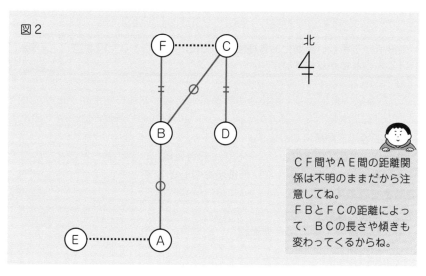

CF間やAE間の距離関係は不明のままだから注意してね。
FBとFCの距離によって、BCの長さや傾きも変わってくるからね。

これより、選択肢を検討します。

**肢1** AB間とAE間の距離の関係は不明なので、判断できません。

**肢2** 図2より、AC＞AFとなります。

**肢3** A塔から一番遠いのはC塔もしくはE塔です。

**肢4** そのようなことはありません。

**肢5** 図2より、BC＝BA＜BEですから、確実にいえます。

 正解5

　ある市における六つの施設の位置関係について、次のことが分かっているとき、確実にいえるのはどれか。

○ 図書館，消防署，病院，児童館は市役所からの直線距離が等しく、消防署は市役所の真西にある。

○ 児童館と幼稚園は市役所のちょうど北西にあり、幼稚園は消防署の真北にある。

○ 図書館は児童館の真南にあり、児童館は病院の真西にある。

1. 図書館は幼稚園の真南にある。
2. 図書館と病院の直線距離は、幼稚園と消防署の直線距離の2倍である。
3. 市役所と消防署の直線距離と、児童館と消防署の直線距離は等しい。
4. 市役所と幼稚園の直線距離と、市役所と病院の直線距離は等しい。
5. 市役所と病院の直線距離と、病院と児童館の直線距離は等しい。

> **市役所から等しい距離にある施設は、市役所を中心とした円を描いてみるとわかりやすいよ。**

　1，2番目の条件より、市役所の真西に消防署、北西に幼稚園があり、消防署の真北に幼稚園がありますので、この3つの施設の位置関係は、図1のような直角二等辺三角形になります。

　さらに、1番目の条件より、市役所から等距離に、消防署を含む4つの施設がありますので、図のように、市役所を中心として消防署を通る円を描くと、<u>4つの施設はいずれもこの円の円周上にある</u>ことがわかります。

中心から等しい距離にある点の集合が「円」だからね！

　4つの施設の1つである児童館は、2番目の条件より、市役所から北西にありますので、図の位置とわかりますね。

図1

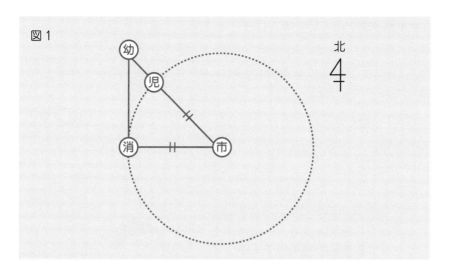

　残る2つの施設は、3番目の条件より、児童館の真南に図書館、真東に病院で、いずれも円周上にあり、図2のようになります。

図2

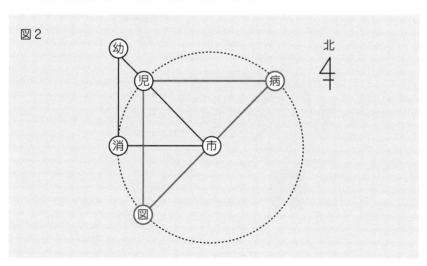

　これより、選択肢を検討します。

**肢1**　図2より、真南ではありません。

**肢2**　市役所、消防署、幼稚園の三角形は、直角二等辺三角形ですから、幼稚園と消防署の距離は、市役所と消防署の距離と等しく、図の円の半径になります。
　　一方、図書館と病院の距離は、円の直径ですから、半径の2倍になり、

本肢は確実にいえます。

**肢3** 市役所と消防署の距離のほうが長くなります。

**肢4** 市役所と幼稚園の距離のほうが長くなります。

**肢5** 病院と児童館の距離のほうが長くなります。

⇨ 正解2

円とか三角形とか、方角の問題って数学みたいだね。

テキトーに描いても何とかなりそーじゃん！

でも、長さとか考えさせる場合もあるから、なるべく正確に描いたほうがいいかもね。

# #3 対応関係

頻出度 ★★★★★  重要度 ★★★★★  コスパ ★★★☆☆

人と職業などの対応関係を調べる問題で、ほとんどは「対応表」という表に整理して解きます。表の書き方などしっかりマスターしましょう！

## PLAY 1  2項目の対応関係を考える問題
警視庁III類 2011

A，B，Cの3人の講師は、科目を2つずつ担当しており、その科目は、国語，英語，数学，理科，社会，美術のいずれかである。担当科目の重複はなく、次のア〜オのことが分かっている。

ア　国語の講師は、理科の講師とよく釣りに行く。

イ　英語の講師は国語の講師とたまに野球を見に行く。

ウ　理科の講師は、数学の講師と映画を見に行ったことがある。

エ　BとCは、理科の講師の家に遊びに行ったことがある。

オ　美術の講師はAとCを食事に誘った。また、美術の講師とAは別の日に英語の講師から食事に誘われた。

以上から判断して、Bの担当科目の組合せとして正しいものはどれか。

1. 美術と国語
2. 美術と社会
3. 美術と数学
4. 数学と英語
5. 英語と理科

A〜Cと担当科目という2項目のの対応を推理するよ。まずは、それぞれの条件がどういう意味か考えてみて。

条件ア〜オは、それぞれ次のような意味になります。

> ア　国語の講師と理科の講師は別の人
> イ　英語の講師と国語の講師は別の人
> ウ　理科の講師と数学の講師は別の人
> エ　ＢとＣは理科の講師ではない
> オ　ＡとＣは美術の講師ではない
> 　　美術の講師とＡと英語の講師は別の人

　ここで、Ａ〜Ｃの３人と６つの科目で対応表を作成します。各人は２科目ずつ担当し、重複はありませんので、各人には○が２個ずつ、各科目には○が１個ずつ入ることになります。

　まず、条件エと条件オの前半を記入すると、理科の講師はＡ、美術の講師はＢとわかり、表１のようになりますね。

> 肢１〜３に絞られたね！

表１

|   | 国 | 英 | 数 | 理 | 社 | 美 |
|---|---|---|---|---|---|---|
| A |   |   |   | ○ |   | × |
| B |   |   |   | × |   | ○ |
| C |   |   |   | × |   | × |

　そうすると、条件ア，ウより、Ａは国語，数学の講師ではないことがわかります。

　また、条件オの後半より、ＡとＢは英語の講師ではないので、Ｃが英語の講師となり、ここまでで表２のようになります。

表２

|   | 国 | 英 | 数 | 理 | 社 | 美 |
|---|---|---|---|---|---|---|
| A | × | × | × | ○ |   | × |
| B |   | × |   | × |   | ○ |
| C |   | ○ |   | × |   | × |

表2より、Aのもう1科目は社会とわかります。

また、条件イより、Cは国語の講師ではないので、国語の講師はBで、Cのもう1科目は数学とわかり、表3のようになります。

社会のBとCに×
が入るよ！

表3

|   | 国 | 英 | 数 | 理 | 社 | 美 |
|---|---|---|---|---|---|---|
| A | × | × | × | ○ | ○ | × |
| B | ○ | × | × | × | × | ○ |
| C | × | ○ | ○ | × | × | × |

よって、Bの担当科目は美術と国語となり、正解は肢1です。

⇨ 正解1

　りんご，みかん，なし，バナナ，ももの5種類の果物が2つずつある。A〜Eの5人の子どもが5種類の果物の中から異なる種類の果物を2つ選んだ結果として、以下のことがわかっているとき、確実にいえることとして、最も妥当なのはどれか。

○　5人が選んだ果物の組み合わせは全員異なっていた。
○　BとDは2つのうち1つだけ同じ種類の果物を選んだ。
○　CとDは同じ種類の果物を選ばなかった。
○　Bはみかんを選ばず、バナナを選んだ。
○　Cはりんごを選び、なしを選ばなかった。
○　Eはバナナとももを選んだ。

1.　Aはりんごを選ばなかった。
2.　Bはりんごを選んだ。
3.　Cはももを選んだ。
4.　Dはりんごを選んだ。
5.　Dはみかんを選ばなかった。

A〜Eと果物の対応を考える問題だね。1番目の条件をしっかり頭に入れて解いてみて。

　A〜Eの5人と5種類の果物で対応表を作成します。条件より、各人、各果物とも○は2個ずつ入りますね。
　まず、4〜6番目の条件からわかることを記入して、表1のようになります。

表1

|   | りんご | みかん | なし | バナナ | もも |
|---|---|---|---|---|---|
| A |   |   |   | × |   |
| B |   | × |   | ○ |   |
| C | ○ |   | × | × |   |
| D |   |   |   | × |   |
| E | × | × | × | ○ | ○ |

Eとバナナの列には○が2個入ったので、残る部分には×を記入するよ。

１番目の条件より、Bのももに×が入り、また、
３番目の条件より、Dのりんごに×が入ります。ここで、２番目の条件にある、BとDがともに選んだのはなしに決まりますね。

　これより、Bが選んだのはなしとバナナとわかり、Bのりんごに×が入りますから、Aのりんごに〇が入って、表２のようになります。

表２

|  | りんご | みかん | なし | バナナ | もも |
|---|---|---|---|---|---|
| A | 〇 |  | × | × |  |
| B | × | × | 〇 | 〇 | × |
| C | 〇 |  | × | × |  |
| D | × |  | 〇 | × |  |
| E | × | × | × | 〇 | 〇 |

　表２より、みかんを選んだ２人を考えると、３番目の条件より、CとDがともに選ぶことはないので、１人はAで、もう１人はCとDのいずれかとわかります。しかし、Cもみかんを選ぶと、Aと同じ組合せになり、１番目の条件に反します。

　よって、みかんはAとDが選び、Cはももを選んだとわかり、表３のようになります。

表３

|  | りんご | みかん | なし | バナナ | もも |
|---|---|---|---|---|---|
| A | 〇 | 〇 | × | × | × |
| B | × | × | 〇 | 〇 | × |
| C | 〇 | × | × | × | 〇 |
| D | × | 〇 | 〇 | × | × |
| E | × | × | × | 〇 | 〇 |

これより、選択肢を検討すると、正解は肢３となります。

➡ 正解３

**PLAY 3** 2 項目の対応関係を考える問題 特別区III類 2014

A〜Dの4人は、部活動を決めるために、野球, サッカー, ラグビー, バレーボール, バスケットボールの5種類の球技のうちから2種類以上選び、体験入部することにした。今、次のア〜オのことが分かっているとき、確実にいえるのはどれか。

ア Aは3種類の球技を選んだが、バレーボールは選ばなかった。
イ AとB、BとDはそれぞれ1種類だけ同じ球技を選んだ。
ウ A, B, Dの3人とも共通して選んだ球技はなかった。
エ BとCが共通して選んだのは野球だけであった。
オ バスケットボールを選んだのは3人、サッカーを選んだのは1人、その他の球技を選んだのは各2人ずつであった。

1. Aは、野球部を選んだ。
2. Bは、ラグビー部を選んだ。
3. Cは、サッカー部を選んだ。
4. Dは、バレーボール部を選ばなかった。
5. CとDは、同じ種類の球技を選ばなかった。

A〜Dと球技の対応を考える問題だね。本問は〇の数の合計を記入する欄も必要になるよ。

A〜Dの4人と5種類の球技で対応表を作成します。条件ア, エ, オからわかることを記入して、表1のようになります。

表1

|   | 野球 | サッカ | ラグビ | バレー | バスケ | 計 |
|---|---|---|---|---|---|---|
| A |   |   |   | × |   | 3 |
| B | 〇 |   |   |   |   |   |
| C | 〇 |   |   |   |   |   |
| D |   |   |   |   |   |   |
| 計 | 2 | 1 | 2 | 2 | 3 | 10 |

野球を選んだのは2人ですから、AとDの野球に×を記入します。

これより、Aが選んだ3種類は、サッカー, ラグビー, バスケとなり、サッカーを選んだのは1人ですから、A以外の3人のサッカーに×を記入し、表2

66

のようになります。

表2

| | 野球 | サッカ | ラグビ | バレー | バスケ | 計 |
|---|---|---|---|---|---|---|
| A | × | ○ | ○ | × | ○ | 3 |
| B | ○ | × | | | | |
| C | ○ | × | | | | |
| D | × | × | | | | |
| 計 | 2 | 1 | 2 | 2 | 3 | 10 |

　ここで、バスケを選んだ3人について考えます。
　条件エより、BとCがともにバスケを選んでいることはないので、どちらかには×が入りますから、残るDには○が入ります。
　そうすると、条件ウより、残る1人はBではなく、Cとわかります。
　これより、条件イにある、AとBが選んだのはラグビー、BとDが選んだのはバレーとわかります。
　以上より、表3のようになり、ここから選択肢を検討すると、正解は肢2となります。

表3

| | 野球 | サッカ | ラグビ | バレー | バスケ | 計 |
|---|---|---|---|---|---|---|
| A | × | ○ | ○ | × | ○ | 3 |
| B | ○ | × | ○ | ○ | × | 3 |
| C | ○ | × | × | × | ○ | 2 |
| D | × | × | × | ○ | ○ | 2 |
| 計 | 2 | 1 | 2 | 2 | 3 | 10 |

⇨ 正解2

　ある店では、9月3日（月）〜9月7日（金）の5日間に、A〜Eの5人が短期のアルバイトとして勤務したが、その勤務状況について次のことが分かっているとき、確実にいえるのはどれか。

- ○　5人それぞれが3日ずつ勤務した。
- ○　毎日3人が勤務した。
- ○　Bは連日の勤務をすることはなかった。
- ○　Cは月曜日，水曜日，木曜日に勤務した。
- ○　Dは3日連続で勤務した。

1.　Aは月曜日に勤務した。
2.　Dは金曜日に勤務した。
3.　Eは木曜日に勤務した。
4.　AとEは3日とも同じ日に勤務した。
5.　CとDは2日だけ同じ日に勤務した。

> A〜Eと曜日の対応を考える問題だね。こういうスケジュールタイプの問題はよく出題されているよ。

　A〜Eの5人と月〜金で対応表を作成します。1, 2番目の条件は、頭に入れておけばいいですが、忘れそうなら表に合計欄を作って書き入れてしまいましょう。

表の横にメモしておくのもいいね！

　3番目の条件より、Bが勤務したのは月，水，金とわかります。さらに、4番目の条件を表に記入し、ここまでで表1のようになります。

表1

|   | 月 | 火 | 水 | 木 | 金 | 計 |
|---|---|---|---|---|---|---|
| A |   |   |   |   |   | 3 |
| B | ○ | × | ○ | × | ○ | 3 |
| C | ○ | × | ○ | ○ | × | 3 |
| D |   |   |   |   |   | 3 |
| E |   |   |   |   |   | 3 |
| 計 | 3 | 3 | 3 | 3 | 3 | 15 |

表1より、火曜日に勤務したのはA，D，Eの3人となります。

そうすると、5番目の条件より、Dが勤務したのは<u>火曜日を含む連続した3日</u>ですから、水曜日は勤務しており、金曜日は勤務していないことがわかります。

これより、水曜日に勤務したのはB，C，Dの3人、金曜日に勤務したのはA，B，Eの3人となり、表2のようになります。

（月，火，水）または（火，水，木）のいずれかだね！

表2

|   | 月 | 火 | 水 | 木 | 金 | 計 |
|---|---|---|---|---|---|---|
| A |  | ○ | × |  | ○ | 3 |
| B | ○ | × | ○ | × | ○ | 3 |
| C | ○ | × | ○ | ○ | × | 3 |
| D |  | ○ | ○ |  | × | 3 |
| E |  | ○ | × |  | ○ | 3 |
| 計 | 3 | 3 | 3 | 3 | 3 | 15 |

表2の残る部分は不明ですが、A，D，Eのうち1人が月曜日に、2人が木曜日に勤務したことがわかりますので、これを踏まえて選択肢を検討します。

**肢1** 木曜日の可能性があるので、確実にはいえません。

**肢2** 表2より誤りです。

**肢3** 月曜日の可能性があるので、確実にはいえません。

**肢4** 火曜日と金曜日は同じですが、残る1日は月曜日と木曜日に1人ずつ勤務している可能性があり、確実にはいえません。

**肢5** 水曜日と、月曜日または木曜日のいずれかの2日だけ同じ日に勤務していますので、確実にいえます。

⇨ 正解5

　AからDの4人が1人1ヵ所ずつ、コンビニエンスストア，居酒屋，花屋，ケーキ屋のいずれかでアルバイトをしている。次のアからカのことが分かっているとき、確実にいえるものとして、最も妥当なのはどれか。

　ア　AとCはケーキ屋で働いていない。
　イ　Bは西町に住んでおり、Cは東町に住んでいる。
　ウ　Dは居酒屋と花屋では働いておらず、北町に住んでいない。
　エ　コンビニエンスストアで働いている者は南町に住んでいる。
　オ　居酒屋で働いている者は北町には住んでいない。
　カ　AからDの4人は東町，西町，南町，北町にそれぞれ1人ずつ住んでいる。

1．Aは花屋で働いている。
2．Aは南町に住んでいる。
3．Bは居酒屋で働いている。
4．Cは花屋で働いている。
5．Dはケーキ屋で働いている。

> A〜Dとバイト先と住んでいる町という3項目の対応を推理するよ。対応表はどう書くかな？

　A〜Dの4人とアルバイト先の対応関係ですが、条件を見ると、住んでいる町の情報も加わることがわかります。
　したがって、条件カより、各人の住む4つの町と合わせて3項目の対応関係を調べることになり、A〜Dを基準に2つの表を並べた対応表を作成します。
　まず、条件ア〜ウを記入して、表1のようになります。

表1

|   | コ | 居 | 花 | ケ | 東 | 西 | 南 | 北 |
|---|---|---|---|---|---|---|---|---|
| A |   |   |   | × |   |   |   |   |
| B |   |   |   |   |   | ○ |   |   |
| C |   |   |   | × | ○ |   |   |   |
| D |   | × | × |   |   |   |   | × |

　条件より、アルバイト先については1人1か所ずつ、住んでいる町はそれぞ

れに 1 人ずつですから、それぞれの表には、縦にも横にも○は 1 個ずつ入ることになります。

これより、B の西町以外の町には×を記入し、西町のB以外にも×を記入し、同様にCの東町についても×を記入すると、表 2 のようになります。

○が入ったら、同じ列には×を入れろってこと！

表 2

| | コ | 居 | 花 | ケ | 東 | 西 | 南 | 北 |
|---|---|---|---|---|---|---|---|---|
| A | | | | × | × | × | | |
| B | | | | | × | ○ | × | × |
| C | | | | × | ○ | × | × | × |
| D | | × | × | | × | × | | × |

表 2 より、D は南町で、残る A は北町とわかります。

ここで、条件エより、コンビニで働いているのは D とわかり、D のコンビニに○、同様に同じ列には×を記入し、表 3 のようになります。

表 3

| | コ | 居 | 花 | ケ | 東 | 西 | 南 | 北 |
|---|---|---|---|---|---|---|---|---|
| A | × | | | × | × | × | × | ○ |
| B | × | | | | × | ○ | × | × |
| C | × | | | × | ○ | × | × | × |
| D | ○ | × | × | × | × | × | ○ | × |

表 3 より、ケーキ屋は B とわかります。また、条件オより、北町に住む A は居酒屋ではなく花屋で、残る C は居酒屋とわかり、表 4 のようになります。

表4

|   | コ | 居 | 花 | ケ | 東 | 西 | 南 | 北 |
|---|---|---|---|---|---|---|---|---|
| A | × | × | ○ | × | × | × | × | ○ |
| B | × | × | × | ○ | × | ○ | × | × |
| C | × | ○ | × | × | ○ | × | × | × |
| D | ○ | × | × | × | × | × | ○ | × |

これより、選択肢を検討すると、正解は肢1となります。

➡ 正解1

**PLAY6** 3項目以上の対応関係を考える問題　　東京消防庁Ⅱ類 2012

　ある小学校に通うA，B，C，Dの4人は3年生，4年生，5年生，6年生のいずれかで、同じ学年の者はいない。先日行われた運動会では、4人は赤組，青組，白組，黄組のいずれか異なるチームに1つだけ所属し、同じチームの者はいない。また、4人は50m競争，パン食い競争，障害物競走，二人三脚のいずれか異なる種目に1つだけ出場し、同じ種目に出場した者はいない。そのときの様子について以下のアからエのことがわかっているとき、確実にいえるものとして、最も妥当なのはどれか。

　ア　Aは白組で、6年生ではない。
　イ　Bは3年生で、二人三脚には出場していない。
　ウ　4年生の選手は赤組で、パン食い競争に出場した。
　エ　Dは青組に所属して、50m競争に出場した。

1. Bは5年生である。
2. Cは6年生である。
3. Dは4年生である。
4. 白組の選手は二人三脚に出場した。
5. 6年生の選手は障害物競走に出場した。

> 今度は4項目の対応を考えるよ。それぞれの表の情報は互いにリンクさせて考えよう。

A〜Dの4人と、学年、運動会の組（色）、出場した種目の4項目の対応関係ですから、A〜Dを基準に3つ表を並べた対応表を作成します。

　本問も、条件より、それぞれの表には縦にも横にも○は1個ずつですから、○を入れたら同じ列には×を記入することを忘れないように作業します。

　そうすると、条件ア、イ、エからわかることを記入して、表1のようになります。

表1

| | 3 | 4 | 5 | 6 | 赤 | 青 | 白 | 黄 | 50 | パ | 障 | 二 |
|---|---|---|---|---|---|---|---|---|---|---|---|---|
| A | × | | | × | × | × | ○ | × | × | | | |
| B | ○ | × | × | × | | × | × | | × | | | × |
| C | × | | | | | × | × | | × | | | |
| D | × | | | | × | ○ | × | × | ○ | × | × | × |

　ここで、条件ウの「4年生で赤組でパン食い競争に出場した人」を考えると、表2の色の付いた3項目が同じ人であることから、<u>Bではなく、A，Dでもない</u>ことがわかります。

表2の3列の情報を重ね合わせればいいんだね！

表2

| | 3 | 4 | 5 | 6 | 赤 | 青 | 白 | 黄 | 50 | パ | 障 | 二 |
|---|---|---|---|---|---|---|---|---|---|---|---|---|
| A | × | | | × | × | × | ○ | × | × | | | |
| B | ○ | × | × | × | | × | × | | × | | | × |
| C | × | | | | | × | × | | × | | | |
| D | × | | | | × | ○ | × | × | ○ | × | × | × |

　よって、その人はCであるとわかり、これを記入して表3のようになります。

表3

| | 3 | 4 | 5 | 6 | 赤 | 青 | 白 | 黄 | 50 | パ | 障 | 二 |
|---|---|---|---|---|---|---|---|---|---|---|---|---|
| A | × | × |  | × | × | × | ○ | × | × | × |  |  |
| B | ○ | × | × | × | × | × | × |  | × | × |  | × |
| C | × | ○ | × | × | ○ | × | × | × | × | ○ | × | × |
| D | × | × |  |  | × | ○ | × | × | ○ | × | × | × |

表3より、Aは5年生、残るDが6年生となり、Bは黄組で障害物競走、残るAは二人三脚とわかり、表4のようになります。

表4

| | 3 | 4 | 5 | 6 | 赤 | 青 | 白 | 黄 | 50 | パ | 障 | 二 |
|---|---|---|---|---|---|---|---|---|---|---|---|---|
| A | × | × | ○ | × | × | × | ○ | × | × | × | × | ○ |
| B | ○ | × | × | × | × | × | × | ○ | × | × | ○ | × |
| C | × | ○ | × | × | ○ | × | × | × | × | ○ | × | × |
| D | × | × | × | ○ | × | ○ | × | × | ○ | × | × | × |

これより、選択肢を検討すると、正解は肢4となります。

 正解4

　A〜Fの6人がバーベキューを行った。6人は、肉2種類（牛肉，豚肉）のうち1種類と、野菜4種類（ピーマン，玉ねぎ，にんじん，なす）のうち2種類の合計3種類を組み合わせて、それぞれ1本の串に刺した。次のことが分かっているとき、確実にいえるのはどれか。

○　6人の串を見ると、牛肉がある串は4本、豚肉がある串は2本、ピーマンがある串は3本、玉ねぎがある串は4本、にんじんがある串は2本、なすがある串は3本であった。
○　6人の串は、肉と野菜の3種類の組合せが互いに異なっていた。
○　Aの串には、ピーマンと玉ねぎがあった。
○　Bの串には、豚肉があった。また、BとEの串の野菜は2種類とも同じであった。
○　CとDの串は、ピーマンのみが同じであった。
○　Fの串は牛肉、玉ねぎ、にんじんの組合せであった。また、牛肉とにんじんの両方がある串はFの串以外にはなかった。

1.　Aの串には、豚肉があった。
2.　Bの串には、にんじんがあった。
3.　Cの串には、牛肉があった。
4.　Dの串には、玉ねぎがあった。
5.　Eの串には、なすがあった。

本問も3項目の対応を考えるよ。CとDの区別をどうするかな？

　A〜Fの6人と、肉2種類、野菜4種類という3項目で対応表を作成します。まず、条件からすぐにわかることを記入して、表1のようになります。

表1

|   | 牛 | 豚 | ピー | 玉 | にん | なす |
|---|---|---|---|---|---|---|
| A |  |  | ○ | ○ | × | × |
| B | × | ○ |  |  |  |  |
| C |  |  | ○ |  |  |  |
| D |  |  | ○ |  |  |  |
| E |  |  |  |  |  |  |
| F | ○ | × | × | ○ | ○ | × |
| 計 | 4 | 2 | 3 | 4 | 2 | 3 |

肉は1種類、野菜
は2種類だからね。

　これより、ピーマンはA，C，Dの3人ですから、BとEには×が入ります。
　また、2，4番目の条件より、BとEは野菜が2種類とも同じですから、肉
は異なることになり、Eは牛肉とわかります。
　そうすると、6番目の条件より、Eにはにんじんはありませんので、玉ねぎ
となすとわかり、Bの野菜も同じですから、ここまでで表2のようになります。

表2

|   | 牛 | 豚 | ピー | 玉 | にん | なす |
|---|---|---|---|---|---|---|
| A |  |  | ○ | ○ | × | × |
| B | × | ○ | × | ○ | × | ○ |
| C |  |  | ○ |  |  |  |
| D |  |  | ○ |  |  |  |
| E | ○ | × | × | ○ | × | ○ |
| F | ○ | × | × | ○ | ○ | × |
| 計 | 4 | 2 | 3 | 4 | 2 | 3 |

　これより、玉ねぎはA，B，E，Fの4人ですから、CとDには×が入りま
す。
　また、5番目の条件より、CとDの肉は異なりますので、一方が牛肉でもう
一方が豚肉となりますが、この2人は他の条件には登場しませんから、区別す
ることができませんね。

これより、表３のように、ＣとＤに（　）を付け、この２人は入れ替えOK
として、牛肉と豚肉に１人ずつ○を入れると、豚肉は（Ｄ）とＢの２人となり
ますので、残るＡは牛肉となり、ここまでで表３のようになります。

表３

|  | 牛 | 豚 | ピー | 玉 | にん | なす |
|---|---|---|---|---|---|---|
| A | ○ | × | ○ | ○ | × | × |
| B | × | ○ | × | ○ | × | ○ |
| (C) | ○ | × | ○ | × |  |  |
| (D) | × | ○ | ○ | × |  |  |
| E | ○ | × | × | ○ | × | ○ |
| F | ○ | × | × | ○ | ○ | × |
| 計 | 4 | 2 | 3 | 4 | 2 | 3 |

　さらに、６番目の条件より、牛肉がある（Ｃ）にはにんじんはありませんので、
残る野菜はなすで、（Ｄ）がにんじんとなり、表４のようになります。

表４

|  | 牛 | 豚 | ピー | 玉 | にん | なす |
|---|---|---|---|---|---|---|
| A | ○ | × | ○ | ○ | × | × |
| B | × | ○ | × | ○ | × | ○ |
| (C) | ○ | × | ○ | × | × | ○ |
| (D) | × | ○ | ○ | × | ○ | × |
| E | ○ | × | × | ○ | × | ○ |
| F | ○ | × | × | ○ | ○ | × |
| 計 | 4 | 2 | 3 | 4 | 2 | 3 |

　これより、ＣとＤが入れ替えられることを考慮して、選択肢を検討すると、
正解は肢５となります。

⇨ 正解５

X高校のA〜Dの4人とY高校のa〜dの4人が、互いに相手高校の選手全員とテニスの試合を行うことにした。1日に1人1試合ずつ対戦し、4日間で相手高校の全員と対戦するものとする。ア〜エのことがわかっているとき、確実にいえることとして妥当なのはどれか。

　　ア　Aとbは1日目に対戦した。
　　イ　BとC、Cとbは2日目に対戦した。
　　ウ　Dとdは3日目に対戦した。
　　エ　Cとdは4日目に対戦した。


1. Aとcは3日目に対戦した。
2. Aとdは4日目に対戦した。
3. Bとaは4日目に対戦した。
4. Cとcは1日目に対戦した。
5. Dとcは3日目に対戦した。

> A〜Dとa〜dと1〜4日目の3項目の対応だけど、2項目で
> 表を書いて、もう1項目は中に記入すればいいね。

　A〜Dの4人と1日目〜4日目で対応表を作成し、それぞれの日の対戦相手（a〜d）を表に記入します。
　条件ア〜エを記入して、表1のようになります。

表1

|   | 1 | 2 | 3 | 4 |
|---|---|---|---|---|
| A | b |   |   |   |
| B |   | c |   |   |
| C |   | b |   | d |
| D |   |   | d |   |

　A〜Dは、毎日異なる相手と試合をしますので、表の横列にはa〜dが1つずつ記入されることになります。また、a〜dも1日に1試合ずつですから、縦列もa〜dが1つずつ記入され、すなわち、縦にも横にもa〜dが1つずつ重複せずに並ぶよう、表を埋めていくことになります。
　これより、まず、Dの2日目に着目すると、縦列にc，b、横列にdが既に

ありますので、aが入ることになり、2日目の縦列について、Aには残るdが入ります。

次に、Dの1日目について見ると、横列にa，d、縦列にbがありますから、cが入ることになり、Dの横列について、4日目には残るbが入ります。

ここまでで、表2のようになります。

表2

|   | 1 | 2 | 3 | 4 |
|---|---|---|---|---|
| A | b | d |   |   |
| B |   | c |   |   |
| C |   | b |   | d |
| D | c | a | d | b |

さらに、Cの横列について同様に見ると、1日目にa、3日目にcが入り、1日目の縦列のBには残るdが入ります。

残るA，Bの3，4日目も同様に表を埋めると、表3のようになります。

表3

|   | 1 | 2 | 3 | 4 |
|---|---|---|---|---|
| A | b | d | a | c |
| B | d | c | b | a |
| C | a | b | c | d |
| D | c | a | d | b |

これより、選択肢を検討すると、正解は肢3となります。

正解3

**アドバイス**

解説では、A〜Dと1〜4日目で対応表を作ったけど、A〜Dとa〜dで表を作って1〜4を記入してもOK！ その場合も、縦横それぞれに1〜4が重複なく並ぶよう表を埋めていくことになるね！

夏休みのある週の月曜日から金曜日までの5日間に、A〜Dの4人はそれぞれ、青山、浅草、銀座、新宿、台場の都内の5つの地域のうち、複数の地域を観光しており、この5日間の状況として次のア〜オのことが分かっている。

ただし、各人が一日に観光した地域は1箇所のみである。

ア　Aは、台場を除く4つの地域を観光しており、水曜日と木曜日はCと、金曜日はBとそれぞれ一緒に観光した。

イ　Bは、5つの地域をすべて観光しており、月曜日は銀座を、水曜日は新宿を観光した。

ウ　Cは、月曜日に新宿、金曜日に台場を観光しており、それ以外の2日は銀座を、1日は浅草を観光した。

エ　Dは、銀座を観光した翌日に新宿を観光しており、それ以外の3日は続けて青山を観光した。

オ　月曜日と火曜日は4人がそれぞれ異なる地域を観光しており、水曜、木曜、金曜の各曜日は誰も観光しなかった地域が2つあった。

以上から判断して、火曜日にAとBが観光した地域の組合せとして、正しいのはどれか。

|   | A | B |
|---|---|---|
| 1. | 浅草 | 台場 |
| 2. | 銀座 | 浅草 |
| 3. | 銀座 | 台場 |
| 4. | 新宿 | 浅草 |
| 5. | 新宿 | 台場 |

本問も、PLAY 8 と同じように、観光地域を表の中に書き入れていけばいいね。

A〜Dの4人と月〜金で対応表を作成し、観光した地域を表に記入します。

条件アより、AとCが水曜日と木曜日に観光した地域をそれぞれ x，y、AとBが金曜日に観光した地域を z としておきます。

さらに、条件イ、ウからすぐにわかることを記入して、表1のようになります。

同じだとわかるような印を付けておくのでもいいね！

表1

|   | 月 | 火 | 水 | 木 | 金 |
|---|---|---|---|---|---|
| A |   |   | x | y | z |
| B | 銀 |   | 新 |   | z |
| C | 新 |   | x | y | 台 |
| D |   |   |   |   |   |

また、条件エより、Dが月～金で観光した地域は、次の①，②のいずれかとなります。

|  | 月 | 火 | 水 | 木 | 金 |  |
|---|---|---|---|---|---|---|
|  | 銀 | 新 | 青 | 青 | 青 | …① |
|  | 青 | 青 | 青 | 銀 | 新 | …② |

しかし、条件オより、月曜日は4人がそれぞれ異なる地域を観光していることから、<u>Dは月曜日に銀座は観光していないので</u>、②に決まります。

Bと同じになるからね！

そうすると、月曜日にAは浅草または台場へ観光したことになりますが、条件アより台場は観光していないので、浅草とわかります。

ここまでで、表2のようになります。

表2

|   | 月 | 火 | 水 | 木 | 金 |
|---|---|---|---|---|---|
| A | 浅 |   | x | y | z |
| B | 銀 |   | 新 |   | z |
| C | 新 |   | x | y | 台 |
| D | 青 | 青 | 青 | 銀 | 新 |

ここで、条件ウより、Cが火曜日から木曜日に観光した地域を考えます。

Ｃはこの３日間のうち、２日は銀座、１日は浅草を観光していますが、条件オより、木曜日に４人が観光した地域は３つありますので、ＡとＣが一緒に観光した地域（ｙ）は銀座ではありません。

　よって、Ｃは木曜日に浅草を観光し、火曜日と水曜日に銀座を観光したことになり、ｘは銀座、ｙは浅草とわかります。

　ここまでで、表３のようになります。

誰も行かなかったのが２つだからね！

Ａ，Ｃ，Ｄの３人が銀座だと、３つの地域へ行ったことにならないでしょ!?

表３

|   | 月 | 火 | 水 | 木 | 金 |
|---|----|----|----|----|----|
| A | 浅 |    | 銀 | 浅 | z |
| B | 銀 |    | 新 |    | z |
| C | 新 | 銀 | 銀 | 浅 | 台 |
| D | 青 | 青 | 青 | 銀 | 新 |

　さらに、条件アより、Ａの火曜日と金曜日は青山か新宿となりますが、条件オより、火曜日は青山ではなく新宿、金曜日（ｚ）は青山とわかります。

青山だとＤと同じになるからね。

　そうすると、条件イより、Ｂの火曜日と木曜日は浅草か台場ですが、条件オより、木曜日は浅草ではなく台場、火曜日が浅草とわかり、表４のようになります。

表４

|   | 月 | 火 | 水 | 木 | 金 |
|---|----|----|----|----|----|
| A | 浅 | 新 | 銀 | 浅 | 青 |
| B | 銀 | 浅 | 新 | 台 | 青 |
| C | 新 | 銀 | 銀 | 浅 | 台 |
| D | 青 | 青 | 青 | 銀 | 新 |

　以上より、火曜日にＡとＢが観光したのは新宿と浅草となり、正解は肢４です。

⇨ 正解４

　A〜Dの4人は、福袋に入っていた雑貨やお菓子を持ち寄って交換することにした。4人が持ち寄ったものは互いに異なっており、帽子，手袋，クッキー，キャンディーのいずれか一つであり、各人は自分が持ってきたものとは異なるものを受け取った。次のことが分かっているとき、確実にいえるのはどれか。

　　○　Aは、キャンディーを持ってきた。
　　○　Bは、帽子を受け取った。
　　○　Cが持ってきたものも受け取ったものも、お菓子ではなかった。
　　○　持ってきたものも受け取ったものもお菓子であったのは、1人だけであった。

1. Aが持ってきたものを、Dが受け取った。
2. Bが持ってきたものを、Cが受け取った。
3. Cは、手袋を持ってきた。
4. Dは、クッキーを持ってきた。
5. クッキーを持ってきた者は、キャンディーを受け取った。

> 無理やり対応表を作ることはない！　本問の条件はわりとカンタンに整理できるよ。

　まず、3番目の条件より、Cが持ってきたのと受け取ったのは帽子と手袋のいずれかですが、2番目の条件より、Bが帽子を受け取っていますから、Cは手袋を受け取り、帽子を持ってきたとわかり、これと1番目の条件を、表1のように整理します。

表1

| | A | B | C | D |
|---|---|---|---|---|
| 持ってきた | キャン | | 帽子 | |
| 受け取った | | 帽子 | 手袋 | |

本問は、対応表を作るまでもないね。

　これより、AとDが受け取ったのは、クッキーかキャンディーですが、Aはキャンディーを持ってきたので、条件より、Aはクッキーを、Dがキャンディーを受け取ったとわかり、表2のようになります。

表2

|  | A | B | C | D |
|---|---|---|---|---|
| 持ってきた | キャン |  | 帽子 |  |
| 受け取った | クッキー | 帽子 | 手袋 | キャン |

　また、4番目の条件より、持ってきたのも受け取ったのもお菓子なのはA1人ですから、Dが持ってきたのは手袋で、Bが持ってきたのはクッキーとわかり、表3のようになります。

表3

|  | A | B | C | D |
|---|---|---|---|---|
| 持ってきた | キャン | クッキー | 帽子 | 手袋 |
| 受け取った | クッキー | 帽子 | 手袋 | キャン |

　これより、選択肢を検討すると、正解は肢1となります。

 正解1

　部員A〜Eの5人から成るテニス部がダブルスの対外試合に出場した。この試合は第1試合〜第5試合が連続して行われ、A〜Eの5人がそれぞれ2試合ずつ出場した。試合の途中での交代はなく、一度ペアを組んだ2人は二度と同じペアでは出場しなかった。次のことが分かっているとき確実にいえるのはどれか。

- ○　CとEは第1試合にペアを組んだ。
- ○　AとB及びBとCはそれぞれペアを組んだ。
- ○　AとEはペアを組まなかった。
- ○　2試合続けて出場した者はいなかった。

1.　Aは第5試合に出場した。
2.　Bは第4試合に出場した。
3.　Cは第3試合に出場した。
4.　Dは第5試合に出場した。
5.　Eは第4試合に出場した。

本問も、対応表の出番はないかな！

　1，2番目の条件より、5試合のうち3試合のペアについては、次のようにわかっています。

①（C，E）　　　②（A，B）　　　③（B，C）

　各人はいずれも2試合ずつ出場していますので、①〜③から残る2試合に出場した部員を調べると、AとEが1試合ずつ、Dが2試合に出場しており、次のようにペアを組んだことがわかります。

3番目の条件を使ってもいいけど、そもそもAとEがペアを組んだら、Dの相手がいなくなるからね！

④（A，D）　　　⑤（D，E）

　次に、試合の順番を考えます。1番目の条件より、第1試合は①のペアで、4番目の条件より、①のCとEは第2試合には出場していませんので、第2試合は②または④のペアとなり、ここで次のように場合分けをします。

## (1) 第2試合が②ペアの場合

　②のAとBは次の試合に出場していませんので、第3試合は⑤ペアになります。そうすると、DとEは次の試合に出場していませんので、第4試合は③ペアとなり、第5試合は④ペアで表1のように条件を満たします。

表1

| 第1試合 | ①（C，E） |
|---|---|
| 第2試合 | ②（A，B） |
| 第3試合 | ⑤（D，E） |
| 第4試合 | ③（B，C） |
| 第5試合 | ④（A，D） |

## (2) 第2試合が④ペアの場合

　(1) と同様に確認していくと、表2のようになります。

表2

| 第1試合 | ①（C，E） |
|---|---|
| 第2試合 | ④（A，D） |
| 第3試合 | ③（B，C） |
| 第4試合 | ⑤（D，E） |
| 第5試合 | ②（A，B） |

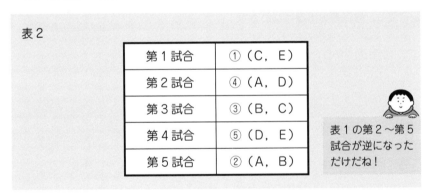

表1の第2～第5試合が逆になっただけだね！

　これより、表1，2のいずれにおいても確実にいえることを選択肢から探すと、正解は肢1とわかります。

➡ 正解1

A～Eの5人が1人1個のプレゼントを持ち寄り、5人でプレゼント交換を行った。今、次のア～カのことが分かっているとき、確実にいえるのはどれか。

ア　Aが受け取ったのは、Cのプレゼントではなかった。
イ　Bが受け取ったのは、Cのプレゼントではなかった。
ウ　Cが受け取ったのは、BかEのプレゼントであった。
エ　Dが受け取ったのは、AかBのプレゼントであった。
オ　5人とも自分以外の人から1つずつプレゼントを受け取った。
カ　5人ともプレゼントを渡した相手からプレゼントを受け取らなかった。

1．Aが受け取ったのは、Bのプレゼントである。
2．Aが受け取ったのは、Dのプレゼントである。
3．Bが受け取ったのは、Dのプレゼントである。
4．Bが受け取ったのは、Eのプレゼントである。
5．Eが受け取ったのは、Dのプレゼントである。

> 対応表も使えるけど、「グラフ」という便利な方法もあるので、比べながら解いてみて。

　本問のような、一定のメンバー間でのやり取りは、対応表でも解けますが、「グラフ」という図を使った解法もあります。
　ここでは、その2通りの解法を紹介します。

### 解法 1  グラフを使った解法

　条件オとカはしっかり頭に入れておきましょう。
　まず、条件ア，イ，エより、Cのプレゼントを受け取ったのは、A，B，Dではないので、Eに決まります。
　そうすると、条件ウ，カより、Cが受け取ったのは、Eではなくβのプレゼントとなり、条件エより、Dが受け取ったのはβではなくAのプレゼントで、ここまでを、図1のように表します。

CはEにあげたから、条件カより、Eからはもらってないよ。

図1

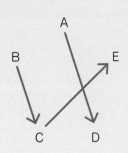

　これより、残るAとBは、DとEのいずれ
かから受け取ったことになりますが、AはD
に渡していますので、条件カより、Eから受
け取り、BはDから受け取って、図2のよう
になります。

全員が、あげる矢印ともらう
矢印が1本ずつになるからね。
図1で、まだもらってないの
はAとB、あげてないのはD
とEだよね。

図2

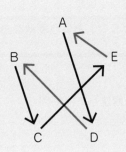

　これより、選択肢を検討すると、正解は肢3となります。

**解法2** 対応表による解法

A～Eの5人について、渡した人と受け取った人で対応表を作成します。このとき、自分自身へプレゼントは渡しませんので、対角線を引いておきます。

まず、条件ア～エより、A～Dがプレゼントを受け取った相手ではない人に×を記入し、表1のようになります。

表1

（受け取った人）

| 渡した人 | A | B | C | D | E |
|---|---|---|---|---|---|
| A | | | × | | |
| B | | | | | |
| C | × | × | | × | |
| D | | | × | | |
| E | | | | × | |

表1より、Cのプレゼントを受け取ったのはEとわかります。そうすると、条件カより、Cは、Eのプレゼントを受け取っていませんから、ここに×を記入すると、Cが受け取ったのはBのプレゼントとわかり、表2のようになります。

表2

（受け取った人）

| 渡した人 | A | B | C | D | E |
|---|---|---|---|---|---|
| A | | | × | | × |
| B | × | | ○ | × | × |
| C | × | × | | × | ○ |
| D | | | × | | × |
| E | | | × | × | |

表2より、Dが受け取ったのはAのプレゼントとなりますので、Aは、Dからではなく Eのプレゼントを受け取ったことになり、DのプレゼントはBが受け取ったとわかります。

よって、表3のように決まり、正解は肢3です。

表3

（受け取った人）

|  | A | B | C | D | E |
|---|---|---|---|---|---|
| A |  | × | × | ○ | × |
| B | × |  | ○ | × | × |
| C | × | × |  | × | ○ |
| D | × | ○ | × |  | × |
| E | ○ | × | × | × |  |

（渡した人）

➡ 正解3

# #4 試合の推理

頻出度 ★★★★☆   重要度 ★★★★☆   コスパ ★★★☆☆

リーグ戦やトーナメント戦などの試合の推理です。勝敗の推理の他に、得点や得失点差など数量関係を推理する問題も多くあります。

## PLAY 1   リーグ戦の問題

　A～Eの5人がテニスのシングルスの総当たり戦を行ったところ、次の結果となった。これから確実にいえるのはどれか。

- ○　5人の勝ち数はすべて異なっていた。また、引き分けはなかった。
- ○　Bは、C及びEに勝った。
- ○　Cは、Dよりも勝ち数が多かった。
- ○　Dの勝ち数は2以上であった。
- ○　EはAに敗れた。

1. Aの勝ち数は1であった。
2. Bは、Aに敗れた。
3. Cは、Dに敗れた。
4. Dの勝ち数は3であった。
5. Eは、CかDのいずれかに勝った。

リーグ戦の問題の多くは「勝敗表」が便利に使える！ 勝ち負けの情報を整理するよ。

A～Eの５人で「勝敗表」を作成し、ここに情報を記入して推理します。
まず、２番目と５番目の条件を記入すると、表１のようになります。

表１

| | A | B | C | D | E |
|---|---|---|---|---|---|
| A | | | | | ○ |
| B | | | ○ | | ○ |
| C | | × | | | |
| D | | | | | |
| E | × | × | | | |

Bの、対C戦と対E
戦に○！CとEの対
B戦に×！
○と×は必ずセット
で入れるんだ！
EA戦も同じだよ！

　５人はいずれも４試合しますので、勝ち数は最大で４（全勝）、最小で０（全
敗）です。
　すなわち、１番目の条件より、<u>４勝、３勝、２勝、１勝、
０勝がそれぞれ１人ずつ</u>とわかります。
　ここで、０勝の人を考えると、AとBは既に表に○
が記入されていますし、３，４番目の条件より、Dは２
勝以上、Cはそれより多いので、０勝の可能性がある
のはEのみとなります。
　これより、Eは全員に負けており、表２のようになります。

「勝ち数が異なる」と
言われたら、具体的
な数を考えてみてね！

表２

| | A | B | C | D | E | 成績 |
|---|---|---|---|---|---|---|
| A | | | | | ○ | |
| B | | | ○ | | ○ | |
| C | | × | | | ○ | |
| D | | | | | ○ | |
| E | × | × | × | × | | ０勝４敗 |

　また、表２と３，４番目の条件から、B，C，Dは
いずれも２勝以上していることがわかり、ここで、
<u>１勝の可能性があるのはA</u>のみとわかります。

ここで、肢１が正解
とわかるね！

これより、Aは、E以外には負けていることになり、表3のように記入します。

表3

| | A | B | C | D | E | 成績 |
|---|---|---|---|---|---|---|
| A | | × | × | × | ○ | 1勝3敗 |
| B | ○ | | ○ | | ○ | |
| C | ○ | × | | | ○ | |
| D | ○ | | | | ○ | |
| E | × | × | × | × | | 0勝4敗 |

さらに、表3より、Bは3勝以上となり、また、3,4番目の条件より、Cも3勝以上ですから、2勝はDとなります。

これより、Dは、B,Cに負けていることになり、表4のように記入すると、Bが4勝で、Cが3勝とわかります。

表4

| | A | B | C | D | E | 成績 |
|---|---|---|---|---|---|---|
| A | | × | × | × | ○ | 1勝3敗 |
| B | ○ | | ○ | ○ | ○ | 4勝0敗 |
| C | ○ | × | | ○ | ○ | 3勝1敗 |
| D | ○ | × | × | | ○ | 2勝2敗 |
| E | × | × | × | × | | 0勝4敗 |

以上より、選択肢を検討すると、正解は肢1となります。

➡ 正解1

　A〜F のサッカーチームが総あたりで試合をした。どの試合でも引き分けは
なく、勝ち数の多い順に順位をつけたところ、ア〜エのことがわかった。この
とき、各チームの対戦結果として、最も妥当なのはどれか。ただし、勝ち数が
同じであれば同じ順位とし、次の順位を欠番とするものとする。（例：1 位が 2
チームある場合、次の順位は 3 位となる。）

　ア　B と E は同じ勝ち数で 1 位だった。
　イ　F は単独で 3 位だった。
　ウ　C は E との試合で勝った。
　エ　C は A との試合で負けて、単独で 4 位だった。

1．A は D との試合で負けた。
2．B は E との試合で勝った。
3．C は F との試合で勝った。
4．D は A との試合で負けた。
5．F は A との試合で負けた。

本問も勝敗表を活用しよう！ 6 人の勝ち数の合計にも着目して！

　A〜F の 6 チームで勝敗表を作成します。条件からわかることを記入して、
表 1 のようになります。

表 1

|  | A | B | C | D | E | F | 順位 |
|---|---|---|---|---|---|---|---|
| A |  |  | ○ |  |  |  |  |
| B |  |  |  |  |  |  | 1 位 |
| C | × |  |  |  | ○ |  | 4 位 |
| D |  |  |  |  |  |  |  |
| E |  |  | × |  |  |  | 1 位 |
| F |  |  |  |  |  |  | 3 位 |

ここで、総試合数を確認すると、6チームはそ
れぞれ5試合ずつ行いますから、延べ試合数は6
×5＝30ですが、1試合に2チームが出場しま
すので、これを2で割って、15試合とわかります。

勝敗表の対角線から半分
のマスの数だよね！
6チームから2チームを
組み合わせる計算（₆C₂）
でもOK！

　これより、引き分けはないので、6チームの勝
ち数の合計も15になります。

　また、順位に関する条件より、勝ち数は、B＝E＞F＞C＞A，Dとなり
ますが、Eは既に1敗していますので、勝ち数は最大でも4勝となります。

　しかし、仮に、BとEが3勝以下だとすると、Fは2勝以下、Cは1勝以下、
A，Dは0勝で、勝ち数の合計が15に足りません。

　よって、BとEは4勝1敗とわかり、EはC以外には勝っていますので、B
はEに負けて、他のチームに勝っており、表2のようになります。

表2

|  | A | B | C | D | E | F | 順位 |
|---|---|---|---|---|---|---|---|
| A |  | × | ○ |  | × |  |  |
| B | ○ |  | ○ | ○ | × | ○ | 1位 |
| C | × | × |  |  | ○ |  | 4位 |
| D |  | × |  |  | × |  |  |
| E | ○ | ○ | × | ○ |  | ○ | 1位 |
| F |  | × |  |  | × |  | 3位 |

　また、Fは単独3位、Cは単独4位ですから、Aは5位以下となりますが、
1勝していますので、F，Cは2勝以上となり、Fは3勝2敗、Cは2勝3敗、
Aは1勝4敗とわかります。

　これより、Fは、A，C，Dに勝って3勝2敗、Cは、Fに負けていますの
で、Dに勝って2勝3敗、AはDに負けて1勝4敗となり、順に表に記入す
ると、Dは1勝4敗で、Aと同じ5位となり、表3のように決まります。

表3

| | A | B | C | D | E | F | 順位 |
|---|---|---|---|---|---|---|---|
| A | | × | ○ | × | × | × | 5位 |
| B | ○ | | ○ | ○ | × | ○ | 1位 |
| C | × | × | | ○ | ○ | × | 4位 |
| D | ○ | × | × | | × | × | 5位 |
| E | ○ | ○ | × | ○ | | ○ | 1位 |
| F | ○ | × | ○ | ○ | × | | 3位 |

以上より、選択肢を検討すると、正解は肢 1 となります。

⇨ 正解 1

---

A ～ E の 5 チームが、総当たり戦で野球の試合を行った。今、試合の結果について、次のア～エのことが分かっているとき、確実にいえるのはどれか。ただし、勝率は（勝ち数）÷（勝ち数＋負け数）で計算し、引き分けは計算には入らないものとする。

ア　A の勝率は 7 割 5 分であった。
イ　C と D の勝率は 5 割であったが、勝ち数は異なった。
ウ　D は B に負け、C に勝った。
エ　E は 3 敗 1 分けであった。

1. A は C に勝った。
2. B は勝率が 1 位であった。
3. C は 2 勝 2 敗であった。
4. D は E と引き分けた。
5. E は B に負けた。

本問のポイントは「勝率」かな！ここから具体的な成績がわかるよ。

A〜Eの5チームで勝敗表を作成します。まず、条件ア
より、Aの勝率を考えると、7割5分 = $\frac{3}{4}$ ですから、A
は4試合のうち3勝し、3勝1敗とわかりますね。

ここには、引き
分けは含まれな
いからね。

これと、条件ウ，エからわかることを記入して、表1の
ようになります。

表1

| | A | B | C | D | E | 勝 | 敗 | 分 |
|---|---|---|---|---|---|---|---|---|
| A | | | | | | 3 | 1 | 0 |
| B | | | | ○ | | | | |
| C | | | | × | | | | |
| D | | × | ○ | | | | | |
| E | | | | | | 0 | 3 | 1 |

また、条件イより、CとDの勝率を考えると、5割 = $\frac{1}{2} = \frac{2}{4}$ で、CとDの
勝ち数が異なることから、一方は、2試合のうち1勝で、1勝1敗2分、もう
一方は、4試合のうち2勝で、2勝2敗であったとわかります。

そうすると、CとDのいずれかは、引き分けが2試合ありますので、これに
ついて考えると、表1より、Dの引き分けが2試合の場合、A，Eと引き分け
たことになりますが、Aに引き分けの試合はありませんので、矛盾します。

よって、引き分けが2試合あったのはCで、その相手はAではないので、B
とEとわかります。これより、Eの引き分けの相手はCで、Eはその他のチー
ムには負けているとわかり、表2のようになります。

表2

| | A | B | C | D | E | 勝 | 敗 | 分 |
|---|---|---|---|---|---|---|---|---|
| A | | | | | ○ | 3 | 1 | 0 |
| B | | | △ | ○ | ○ | | | |
| C | | △ | | × | △ | 1 | 1 | 2 |
| D | | × | ○ | | ○ | | | |
| E | × | × | △ | × | | 0 | 3 | 1 |

表2より、CはAに勝っていますので、AはCに負け、その他のチームに勝っているとわかり、表3のようになります。

表3

| | A | B | C | D | E | 勝 | 敗 | 分 |
|---|---|---|---|---|---|---|---|---|
| A | | ○ | × | ○ | ○ | 3 | 1 | 0 |
| B | × | | △ | ○ | ○ | 2 | 1 | 1 |
| C | ○ | △ | | × | △ | 1 | 1 | 2 |
| D | × | × | ○ | | ○ | 2 | 2 | 0 |
| E | × | × | △ | × | | 0 | 3 | 1 |

表3より、選択肢を検討すると、正解は肢5となります。

肢2については、Bは2勝1敗1分で、勝率は $\frac{2}{3}$（≒6割6分）だから、勝率1位はAだね。

⇨ 正解5

　A〜Dの4チームが、綱引きのリーグ戦（総当たり戦）を行い、勝ち数の多い順に順位付けを行った。このリーグ戦では、第1試合から第6試合までの6試合が順に行われた。次のことが分かっているとき、確実にいえるのはどれか。
　ただし、各試合において引き分けはなかったものとする。

- ○　Aは第1試合でDに勝った。
- ○　Bは第6試合で初めての勝利を得た。
- ○　Cが出場した試合は1試合おきに行われ、Cの順位はBより下位であった。
- ○　Dは3試合連続して出場した。

1. Aは第4試合でCに勝った。
2. Bは第5試合に出場しなかった。
3. Cは第4試合終了時点で1勝1敗だった。
4. Dは3位だった。
5. 2勝1敗のチームが二つあった。

> まずは、第1〜6試合の組合せを確認しよう！　勝敗表の出番はそれからだね。

　4チームの総当たり戦ですから、試合総数は、4 × 3 ÷ 2 ＝ 6（試合）ですね。

計算方法は、PLAY2で確認したネ！

　各チームが出場するのは3試合ずつですが、条件から、どの試合に出場したかを確認します。
　まず、1，4番目の条件より、Dは第1〜3試合に出場したとわかり、また、3番目の条件から、Cが出場したのは、第1，3，5試合、または、第2，4，6試合のいずれかですが、1番目の条件より、第1試合はAD戦ですから、第2，4，6試合とわかります。さらに、2番目の条件から、Bは第6試合に出場しており、ここまでを表1のように整理します。

表1

| 第1試合 | A － D |
|---|---|
| 第2試合 | C － D |
| 第3試合 | D － |
| 第4試合 | C － |
| 第5試合 |  |
| 第6試合 | B － C |

　表の空欄は、Aが2試合、Bが2試合ですから、まず、第5試合はAB戦で、第3試合のDの相手はB、第4試合のCの相手はAとなり、表2のようになります。

DとAは第1試合、CとBは第6試合だからね。

表2

| 第1試合 | A － D |
|---|---|
| 第2試合 | C － D |
| 第3試合 | D － B |
| 第4試合 | C － A |
| 第5試合 | A － B |
| 第6試合 | B － C |

　これをもとに、試合の結果を勝敗表に整理します。
　1，2番目の条件より、第1試合のAD戦はAの勝ち、第6試合のBC戦はBの勝ちで、Bはここで初めて勝ったわけですから、その前のA，Dとの対戦では負けていて、1勝2敗とわかり、表3のようになります。

表3

| | A | B | C | D | 成績 |
|---|---|---|---|---|---|
| A | | ○ | | ○ | |
| B | × | | ○ | × | 1勝2敗 |
| C | | × | | | |
| D | × | ○ | | | |

　そうすると、3番目の条件より、CはBより勝ち数が少ないので、0勝3敗とわかり、CはA，Dに負けていますので、表4のように、各チームの成績も判明します。

表4

| | A | B | C | D | 成績 |
|---|---|---|---|---|---|
| A | | ○ | ○ | ○ | 3勝0敗 |
| B | × | | ○ | × | 1勝2敗 |
| C | × | × | | × | 0勝3敗 |
| D | × | ○ | ○ | | 2勝1敗 |

　これより、選択肢を検討します。

**肢1**　確実にいえます。

**肢2**　Bは第5試合でAと対戦しています。

**肢3**　Cは第2試合でDに負け、第4試合でAに負けて、この時点で0勝2敗です。

**肢4**　Dは2勝1敗で2位です。

**肢5**　2勝1敗のチームはDのみです。

⇨ 正解1

あるサッカー大会で、A～Fの6チームが下図のようなトーナメント戦を行ったところ、大会の結果について、次のア～オのことが分かった。

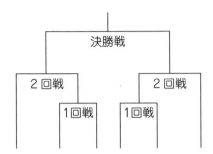

ア　Aは1回戦で勝ち、2回戦で負けた。
イ　BとDは決勝戦で戦う可能性があった。
ウ　CはFに負けた。
エ　DはEと2回戦で戦う可能性があった。
オ　FはAに勝った。

以上から判断して、正しいのはどれか。

1. AはCと戦った。
2. BはEに負けた。
3. BはFに勝った。
4. CはDと戦った。
5. Eは優勝した。

> トーナメント戦は、1回負けたらそこで終わりだからね。まずは、2回試合をしているAに着目かな！

　条件ア，オより、Aは1回戦で勝ったあと、2回戦で負けていますが、その相手はFとわかります。
　これより、図1のようにAとFを記入し、残る位置を①～④とします。

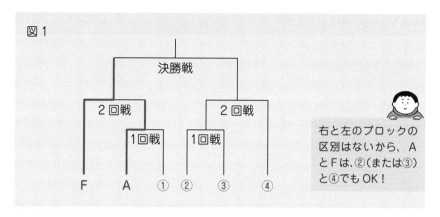

図1

F は 2 回戦からの出場になりますので、条件ウより、決勝戦で C に勝って優勝したことがわかり、C は②〜④のいずれかとなります。

また、条件エより、D と E は、②または③と、④のいずれかとなります。

右と左のブロックの区別はないから、A と F は、②（または③）と④でも OK！

2 回戦の片方は A F 戦なので、もう片方の 2 回戦で戦う可能性があったわけだ！

すなわち、C は、D と E の片方に 1 回戦で勝ち、もう片方に 2 回戦で勝って、決勝で F と戦ったことになります。

これより C，D，E を図 2 のように記入すると、残る①は B とわかります。

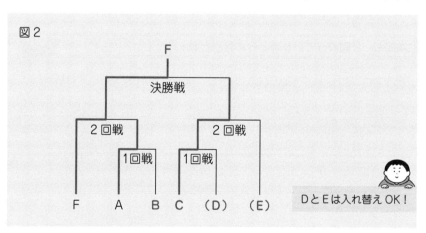

図2

D と E は入れ替え OK！

ここから、選択肢を検討すると、正解は肢 4 となります。

➡ 正解 4

A〜Gの7人による腕相撲のトーナメント大会が、下図のような組合せで行われた。Cは2回戦で「D対Fの勝者」と対戦する可能性があったが、Cの勝敗の結果は不明である。試合の結果としてわかっているのは、「AとBが2回だけ勝ち、Eは初戦敗退となった」ということだけである。このとき正しく言えるものは次のうちどれか。

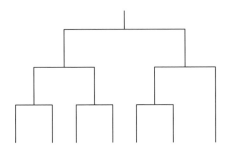

1. Aは1回戦でCに勝った。
2. Bは優勝した。
3. Cは2回戦でDと戦った。
4. Fは準優勝した者に2回戦で敗れた。
5. Gは優勝した者に2回戦で敗れた。

本問も、2回勝っているAとBに着目だね！

図1のように、7人の位置を①〜⑦とします。

図1

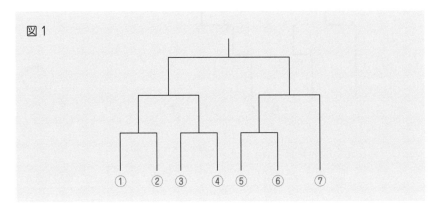

条件より、AとBは2回だけ勝ったことについて考えると、図1のうち、①〜⑥は2回勝つと決勝進出で、⑦は2回勝つと優勝ですから、決勝戦はAとBの対戦であったとわかります。AとBはいずれも2回だけしか勝っていませんので、一方は⑦で、もう一方は、決勝戦で⑦と対戦する可能性がある①〜④のいずれかで、⑦が優勝したとわかります。

①〜⑥のうちの2人が決勝戦で戦うと、優勝したほうは3勝することになるからね。

　これより、AとBを①と⑦の位置に記入し、条件より、DとFが1回戦で対戦し、その勝者がCと対戦する可能性がある位置を考えると、DとFは（③, ④）の組合せで、②がCとわかります。

①〜④に区別はないから、①とするよ。
AとBは入れ替えOK！

　そうすると、残るEとGは（⑤, ⑥）で対戦し、条件より、Eがここで敗退しているとわかり、図2のようになります。

図2

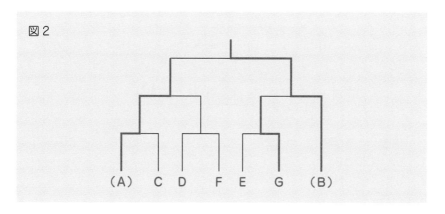

(A)　C　D　　F　E　G　(B)

　これより、選択肢を検討すると、肢1, 2, 4は可能性がありますが確実にはいえず、正解は肢5となります。

⇨ 正解5

A～Hの8チームが、次の図のようなトーナメント戦でホッケーの試合を行った。今、次のア～カのことが分かっているとき、優勝と準優勝したチームの組合せはどれか。ただし、引き分けた試合はなかった。

ア　優勝チームの3試合の得点を合計すると、失点の合計よりも5点多かった。
イ　AはBに5対3で勝った。
ウ　CはHと対戦しなかった。
エ　DはCに3対2で負けた。
オ　EはFに8対3で勝った。
カ　Hは2回戦に5対1で勝った。

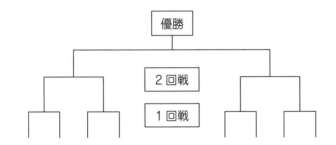

```
      優勝    準優勝
1.     A       B
2.     A       H
3.     C       H
4.     E       H
5.     H       A
```

得点と失点を図に記入しながら推理しよう。ちょっと難しくなるけどがんばって！

条件カより、Hは2回戦で勝っていますので、決勝戦に進出しています。

すなわち、Hは優勝か準優勝のいずれかですが、Hの「得点 − 失点」は、2回戦では5 − 1 = 4（点）で、1回戦でも1点以上ありますので、この時点で、得点の合計は失点の合計より5点以上多いことになります。

そうすると、条件アより、Hは優勝チームではありませんので、準優勝とわかりますね。

これより、図1のように、1，2回戦の6試合を①～⑥とし、Hの1回戦を①におきます。

決勝で勝ったら、「得点 − 失点」はさらに増えるからね。

ここで、肢2～4に絞られるけど、条件ウから、肢3はナシでしょ！？

図1

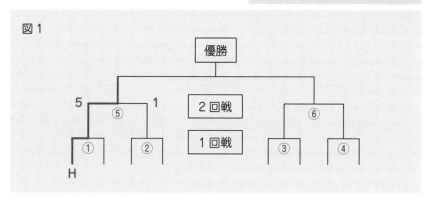

ここで、条件工のCD戦を考えます。

図1より、⑤と決勝戦にはHが出場していますから、②の勝者と⑥の勝者はHと対戦することになります。

そうすると、条件ウより、CD戦は③または④で、Cは2回戦（⑥）で敗退したとわかります。

これより、CD戦を③におくと、④の勝者が⑥でも勝利して決勝戦に進み、Hに勝って優勝したとわかり、図2のようになります。

図2

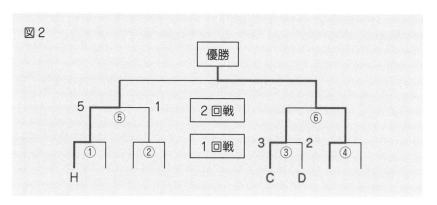

そうすると、条件イのAB戦、条件オのEF戦が、②または④となり、それぞれの勝者であるA，Eのいずれかが優勝となります。

しかし、Eは１回戦でFに８対３で勝っているので、この時点で「得点 −
失点」が５点あり、２回戦や決勝戦に勝つとさらに増えることから、条件アより、
Eは優勝チームではないとわかります。
　よって、ＥＦ戦は②、ＡＢ戦が④で、図３のように、優勝チームはＡ、Ｈの
１回戦の相手はＧとなります。

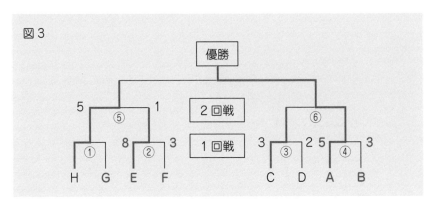

図３

以上より、優勝はＡ、準優勝はＨで、正解は肢２です。

⇨ 正解２

A〜Nの14チームがある球技の総当たり戦を行っている。1試合ごとに勝敗ポイントが与えられるが、そのポイント数は勝ちが3、引き分けが1、負けが0である。全チームが最終1試合を残すのみとなったときの上位7チームの勝敗ポイント及び得失点差*が次のように示されるとき、確実にいえるのはどれか。

ただし、順位は、勝敗ポイントの多い順に決まり、勝敗ポイントが並んだ場合は得失点差の多い方が上位となるが、さらに得失点差が同じ場合は同順位となる。

(注)*得失点差 ＝ 総得点 － 総失点

| チーム | 勝敗ポイント | 得失点差 |
|---|---|---|
| A | 30 | +20 |
| B | 28 | +19 |
| C | 25 | +17 |
| D | 22 | +17 |
| E | 21 | +7 |
| F | 19 | +4 |
| G | 17 | +5 |

1. Aは、最終試合で負けさえしなければ、優勝できる。
2. Bは、最終試合で引き分ければ、2位が確定する。
3. Dは、最終試合でCと対戦して勝たなければ、3位になることはない。
4. Eは、最終試合で負けると、6位以下になる。
5. Fは、最終試合で負けても、8位以下になることはない。

> 勝敗ポイントと得失点差から推理するよ。選択肢の内容が確実にいえるか考えてみて。

表より、選択肢を検討します。

**肢1** Aは、最終試合で引き分けの場合、勝敗ポイントは「31」で、得失点差は「＋20」のままです。

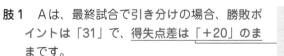

引き分けは、得点 ＝ 失点だから、得失点差は変化しないよね！

ここで、Bが勝った場合、勝敗ポイントは「31」でAと並び、さらに、得失点差が「＋20」を上回ると、Bの優勝となります。

よって、確実にはいえません。

**肢2** Bは、最終試合で引き分けの場合、勝敗ポイントは「29」、得失点差は「+19」のままです。

そうすると、Aには及ばず、また、Cは、勝っても勝敗ポイントは「28」ですから、Bに及びませんので、Bの2位は確定します。

よって、確実にいえます。

**肢3** 最終試合で、DがC以外のチームと対戦して勝ち、CがD以外のチームと対戦して負けた場合でも、Dの勝敗ポイントはCに並び、得失点差でCを上回りますので、3位になることは可能です。

よって、確実にはいえません。

**肢4** Eは、最終試合で負けても、Fも負ければ、6位以下になることはありません。

よって、確実にはいえません。

**肢5** 最終試合で、Fが負けて、Gが勝てば、GはFの順位を上回り、6位になります。さらに、その下のチームが、最終試合の前の勝敗ポイントが「16」で、最終試合に勝ち、得失点差でFを上回った場合、やはり、Fの順位を上回ることになり、Fは8位になる可能性はあります。

よって、確実にはいえません。

⇨ 正解2

　赤，白の2チームが、次のア，イの特別ルールでバスケットボールの試合を行った。その結果、シュートを決めた本数は赤チームが7本、白チームが6本で、最後にシュートを決めたのが白チームであったとき、確実にいえるのはどれか。ただし、試合が終了した時点で、同点ではなかったものとする。

　ア　1本目のシュートを決めた場合は1得点とし、同一のチームが連続してシュートを決めた場合、2本目のシュートは2得点、3本目のシュートは3得点というように、連続した本数がそのまま得点となる。
　イ　どちらかのチームが連続して4本のシュートを決めるか、どちらかのチームの総得点が14点以上になった場合に限り、試合を終了する。

1．赤チームは、1点差で白チームに勝った。
2．赤チームは、2点差で白チームに勝った。
3．白チームは、1点差で赤チームに勝った。
4．白チームは、2点差で赤チームに勝った。
5．白チームは、3点差で赤チームに勝った。

> シュートの本数と得点から、シュートを決めた順番を考えてみて。

　最後にシュートを決めたのが白チームで、ここで試合は終了したわけですから、条件イより、白チームは4連続シュートを決めたか、14点以上になったかのいずれかです。
　ここで、条件アより、連続シュートをした場合の合計得点を確認すると、次のようになります。

```
2本連続の合計得点　→　1＋2＝3（点）　　　…①
3本連続の合計得点　→　1＋2＋3＝6（点）　…②
4本連続の合計得点　→　1＋2＋3＋4＝10（点）…③
```

　白チームがシュートを決めた本数は、全部で6本ですから、最大でも①と③で13点にしかなりません。
　したがって、白チームは4連続シュートで試合を終了させたことになり、この4連続シュートの前の段階では、白チームは2本、赤チームが7本のシュートを決めていたことになります。

ここまでを、次のように整理します。

| シュートの順 | 1 | 2 | 3 | 4 | 5 | 6 | 7 | 8 | 9 | 10 | 11 | 12 | 13 |
|---|---|---|---|---|---|---|---|---|---|---|---|---|---|
| 決めたチーム | 赤7本 | | | | 白2本 | | | | | 白 | 白 | 白 | 白 |

次に、赤チームの7本のシュートについて考えると、試合が継続するには、連続シュートは3本までですから、途中で2回、白チームにシュートを入れられて、連続シュートが中断したことになり、（3本，3本，1本）または（3本，2本，2本）に分けて決めたことになります。

たとえば、次のような順序で決めたことになります。

> （3本，3本，1本）の順序は入れ替わってOK！（3本，2本，2本）もね。

① （3本，3本，1本）の場合

| シュートの順 | 1 | 2 | 3 | 4 | 5 | 6 | 7 | 8 | 9 | 10 | 11 | 12 | 13 |
|---|---|---|---|---|---|---|---|---|---|---|---|---|---|
| 決めたチーム | 赤 | 赤 | 赤 | 白 | 赤 | 赤 | 赤 | 白 | 赤 | 白 | 白 | 白 | 白 |

② （3本，2本，2本）の場合

| シュートの順 | 1 | 2 | 3 | 4 | 5 | 6 | 7 | 8 | 9 | 10 | 11 | 12 | 13 |
|---|---|---|---|---|---|---|---|---|---|---|---|---|---|
| 決めたチーム | 赤 | 赤 | 赤 | 白 | 赤 | 赤 | 白 | 赤 | 赤 | 白 | 白 | 白 | 白 |

ここで、それぞれの得点を確認すると、次のようになります。

白チームの得点　→　1点＋1点＋10点＝12点

赤チームの得点　①の場合　→　6点＋6点＋1点＝13点
　　　　　　　　②の場合　→　6点＋3点＋3点＝12点

条件より、試合終了時点で同点はなかったわけですが、②はこれを満たしませんので、①に決まり、赤チームが1点差で勝ったことがわかります。

よって、正解は肢1です。

⇨ 正解1

# #5 数量条件の推理

(頻出度 ★★★★☆)　(重要度 ★★★★☆)　(コスパ ★★★☆☆)

数量条件を表に整理したり、式に表したりして推理する問題です。判断推理の中でも、やや、数的推理に近い雰囲気がありますね。

---

## PLAY 1　表に整理する問題

東京都III類 2010

　下表は、3人のプロ野球選手A，B，Cが5月から8月に公式戦で打ったホームランの本数を示したものであり、空欄には1以上の数が入る。各選手はいずれも毎月異なる本数のホームランを打っており、また、同じ月に各選手が打ったホームランの本数は異なる。このとき、6月に選手Bと選手Cが打ったホームランの本数の差として、正しいのはどれか。

|  | 5月 | 6月 | 7月 | 8月 | 選手別計 |
|---|---|---|---|---|---|
| 選手A | 2 |  | 7 | 1 | 15 |
| 選手B |  |  |  |  | 15 |
| 選手C |  |  | 3 |  | 10 |
| 月別計 | 7 | 16 | 11 | 6 |  |

1. 1　　2. 2　　3. 3　　4. 4　　5. 5

対応表のような表を使って、条件を整理してみよう。

　表の合計に合うように、縦、横いずれも1以上の異なる数字を入れて完成させます。
　まず、選手Aの合計より、Aの6月の本数と、7月の合計より、Bの7月の本数を次のように計算します。

　　　　Aの6月　→　15 −(2＋7＋1)＝5（本）
　　　　Bの7月　→　11 −(7＋3)＝1（本）

また、5月のBとCの合計は、7－2＝5（本）ですから、（1，4）もしく
は（2，3）の組合せとなりますが、5月のAは2本ですから（1，4）の組合
せとなり、Bは7月が1本ですから、（B，C）＝（4，1）に決まり、ここま
でで、表1のようになります。

表1

|  | 5月 | 6月 | 7月 | 8月 | 選手別計 |
|---|---|---|---|---|---|
| 選手A | 2 | 5 | 7 | 1 | 15 |
| 選手B | 4 |  | 1 |  | 15 |
| 選手C | 1 |  | 3 |  | 10 |
| 月別計 | 7 | 16 | 11 | 6 |  |

また、8月のBとCの合計も、6－1＝5（本）
で、同様に考えると、(B，C)＝(3，2)とわ
かり、残る6月のBとCを、各人の合計から計
算すると、表2のようになります。

Aが1だから、（2，3）の
組合せになり、Cの横列に
3があるからね！

表2

|  | 5月 | 6月 | 7月 | 8月 | 選手別計 |
|---|---|---|---|---|---|
| 選手A | 2 | 5 | 7 | 1 | 15 |
| 選手B | 4 | 7 | 1 | 3 | 15 |
| 選手C | 1 | 4 | 3 | 2 | 10 |
| 月別計 | 7 | 16 | 11 | 6 |  |

これより、6月のBとCの差は、7－4＝3となり、正解は肢3です。

正解3

　　地下街のA～Dの4つの出口で、通行人調査を行った。ア～キの結果がわかっている時、確実に言えることとして、最も妥当なのはどれか。

　ア　全体では、会社員と大学生は同じ人数、中学生は3人、高校生は13人通行した。
　イ　A出口では、会社員が4人、その他の人が13人通行した。
　ウ　B出口では、大学生が6人、その他の人が1人通行した。
　エ　C出口では、高校生が2人、その他の人が5人通行した。
　オ　D出口では、中学生が2人、その他の人が1人通行した。
　カ　D出口での会社員の通行はない。
　キ　A出口、B出口での中学生の通行はない。

1．A出口では、高校生が10人通行した。
2．A出口では、大学生が3人通行した。
3．B出口では、会社員が1人通行した。
4．D出口では、高校生が1人通行した。
5．D出口では、大学生が1人通行した。

> 本問も表が便利に使えるかな。ポイントは、条件ウのBを通行したあと1人！

　　A～Dの4つの出口と、会社員，大学生など4つの区分で対応表を作成し、通行した人数を記入します。
　まず、条件アより、全体の人数について、<u>会社員と大学生を $x$ とし</u>、中学生3人、高校生13人を記入します。

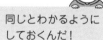
同じとわかるようにしておくんだ！

　また、条件イより、出口Aを通行した人数の合計は、4 + 13 = 17（人）で、以下、条件ウ～オについても同様に記入します。
　さらに、条件カ，キについて、通行のないところに「0」を記入して、表1のようになります。

表1

| | 会社員 | 大学生 | 高校生 | 中学生 | 計 |
|---|---|---|---|---|---|
| A | 4 | | | 0 | 17 |
| B | | 6 | | 0 | 7 |
| C | | | 2 | | 7 |
| D | 0 | | | 2 | 3 |
| 計 | $x$ | $x$ | 13 | 3 | |

A～Dそれぞれの合計を足し合わせると、17 + 7 + 7 + 3 = 34 となり、これは各区分の合計でもありますから、$x$ は次のように求められます。

$$x + x + 13 + 3 = 34$$
$$2x = 18$$
$$\therefore x = 9$$

また、中学生の合計より、Cを通行したのは1人となり、ここまでで、表2のようになります。

表2

| | 会社員 | 大学生 | 高校生 | 中学生 | 計 |
|---|---|---|---|---|---|
| A | 4 | | | 0 | 17 |
| B | | 6 | | 0 | 7 |
| C | | | 2 | 1 | 7 |
| D | 0 | | | 2 | 3 |
| 計 | 9 | 9 | 13 | 3 | 34 |

ここで、Bを通行した人について考えると、大学生が6人で、合計7人ですから、会社員または高校生のいずれかが1人だけ通行したことがわかります。

しかし、Bを通行した会社員が0だとすると、会社員の合計から、Cを5人が通行したことになりますが、これでは、Cの合計が7人を超えてしまい、条件を満たしません。

したがって、Bを通行したあと1人は会社員となり、会社員は、Bが1人、Cが4人で、Cの合計から表3のようになります。

表3

|  | 会社員 | 大学生 | 高校生 | 中学生 | 計 |
|---|---|---|---|---|---|
| A | 4 |  |  | 0 | 17 |
| B | 1 | 6 | 0 | 0 | 7 |
| C | 4 | 0 | 2 | 1 | 7 |
| D | 0 |  |  | 2 | 3 |
| 計 | 9 | 9 | 13 | 3 | 34 |

　さらに、Dを通行したのも、大学生または高校生のいずれか1人ですが、この場合はどちらであっても、表4のように成立します。

表4

|  | 会社員 | 大学生 | 高校生 | 中学生 | 計 |
|---|---|---|---|---|---|
| A | 4 | 2/3 | 11/10 | 0 | 17 |
| B | 1 | 6 | 0 | 0 | 7 |
| C | 4 | 0 | 2 | 1 | 7 |
| D | 0 | 1/0 | 0/1 | 2 | 3 |
| 計 | 9 | 9 | 13 | 3 | 34 |

以上より、選択肢を検討すると、正解は肢3となります。

▷ 正解3

　A～Eの5人にミカンを計15個配った。各自に配った個数について、次のことが分かっているとき、確実にいえるのはどれか。

- ○　各自に配った個数は1個以上5個以下である。
- ○　AはBより少ない。
- ○　BとEは同数である。
- ○　CはEより多い。
- ○　DはBより多い。

1. Aに2個配った。
2. Bに3個配った。
3. CとDに同じ個数を配った。
4. Dに4個配った。
5. EにAより1個多く配った。

> 条件を式に整理して、これを満たす数字の組合せを考えよう。

　A～Eに配ったミカンの個数をそのままA～Eと表し、2～5番目の条件を式にすると、次のようになります。

$$A < B \qquad B = E \qquad E < C \qquad B < D$$

　さらに、これらをまとめると、次のようになります。

$$A < (B = E) < C,\ D$$

CとDの大小関係は不明だから、気をつけてよ！

　これより、Aの個数から仮定して、条件を満たす数の組合せを調べます。
　まず、A＝1の場合、BとEは2以上なので、B＝E＝2とすると、A＋B＋E＝1＋2＋2＝5より、残るCとDで15－5＝10となります。1番目の条件より、各人の個数は5以下ですから、C＝D＝5となりますね。
　また、B＝E＝3の場合は、C＋D＝15－（1＋3＋3）＝8ですから、C＝D＝4となります。
　同様に、B＝E＝4の場合は、C＋D＝15－（1＋4＋4）＝6ですが、これでは、C，DがB，Eより大きくならず、条件を満たしません。
　そうすると、BとEが5の場合も、同様に条件を満たしませんので、A＝1の場合は以下の2通りとなります。

| A | B | E | C | D |
|---|---|---|---|---|
| 1 | 2 | 2 | 5 | 5 |
| 1 | 3 | 3 | 4 | 4 |

次に、A＝2の場合について、BとEは3以上なので、B＝E＝3とすると、C＋D＝15－（2＋3＋3）＝7ですが、CとDは4以上ですから、条件を満たさず、BとEが4以上の場合も同様です。

そうすると、Aが3以上の場合も条件を満たす組合せはありませんので、上記の2通りに決まります。

これより、選択肢を検討すると、正解は肢3となります。

⇨ 正解 3

---

## PLAY 4  条件を数式に表して考える問題　　　　警視庁Ⅲ類 2020

最小1g、最大5gの、1g刻みで重さが異なるA〜Eの5個のおもりがある。次のア〜ウのことがわかっているとき、確実にいえることとして、最も妥当なのはどれか。

　ア　おもりAはおもりBとおもりEの重さの合計に等しい。
　イ　おもりCはおもりDより重い。
　ウ　おもりDとおもりEの重さはそれぞれ偶数値である。

1.　おもりAは最も重い。
2.　おもりAとおもりBの差は4gである。
3.　おもりAとおもりCの差は2gである。
4.　おもりDは2番目に重い。
5.　おもりEは4番目に重い。

本問も条件を式に整理してみよう。1〜5が1個ずつだから、組合せはそれほど多くないよね。

おもりA～Eの重さをそのままA～Eと表し、条件ア，イを式に表します。

ア　A＝B＋E　　　イ　D＜C

また、条件ウより、D，Eは2，4のいずれかですから、A，B，Cは、1，3，5のいずれかで、ここから、まず、条件アを満たす組合せを調べると、表1のようになります。

表1

| | | A | B | C | D | E |
|---|---|---|---|---|---|---|
| E＝2の場合 | ① | 3 | 1 | | | 2 |
| | ② | 5 | 3 | | | 2 |
| E＝4の場合 | ③ | 5 | 1 | | | 4 |

それぞれの場合について、<u>残るC，Dを確認する</u>と、表2のようになりますね。

> 残る数で、Dが偶数になるよう、入れてみるよ。

表2

| | | A | B | C | D | E |
|---|---|---|---|---|---|---|
| E＝2の場合 | ① | 3 | 1 | 5 | 4 | 2 |
| | ② | 5 | 3 | 1 | 4 | 2 |
| E＝4の場合 | ③ | 5 | 1 | 3 | 2 | 4 |

表2のうち、②は条件イを満たしませんので、①と③の2通りが成立し、ここから選択肢を検討すると、正解は肢3となります。

⇨ 正解3

　A～Dの4人の持っているメダルの枚数を合計すると16枚であった。各人が持っているメダルの枚数について、次のア～ウのことが分かっているとき、確実に言えるのはどれか。

　　ア　Aが持っているメダルの枚数はBよりも1枚多い。
　　イ　Cが持っているメダルの枚数はAよりも3枚多い。
　　ウ　Dが持っているメダルの枚数はCよりも多い。

1．Aが持っているメダルの枚数は4枚である。
2．Bが持っているメダルの枚数は2枚である。
3．Cが持っているメダルの枚数は5枚である。
4．Dが持っているメダルの枚数は6枚である。
5．Dが持っているメダルの枚数は7枚である。

> 合計16になる組合せを探すよ。式に表す問題も慣れたかな？

　A～Dが持っているメダルの数をそのままA～Dと表し、条件ア～ウを式にすると、次のようになります。

$$ア　A = B + 1　\cdots①$$
$$イ　C = A + 3　\cdots②$$
$$ウ　C < D　　　\cdots③$$

また、①を②に代入すると、次のようになります。

$$C = (B + 1) + 3 = B + 4$$

　ここで、AはBより1多く、CはBより4多いことがわかります。
　そうすると、Bの枚数を仮定すると、A，Cの枚数も表せ、合計16であることから、Dの枚数も表せますので、Bを次のように仮定して枚数を調べます。

> 合計16だから、Bはそんなに多くないとわかるよね！

|          | A | B | C | D | 計 |
|----------|---|---|---|---|-----|
| B＝1の場合 | 2 | 1 | 5 | 8 | 16 |
| B＝2の場合 | 3 | 2 | 6 | 5 | 16 |
| B＝3の場合 | 4 | 3 | 7 | 2 | 16 |

　これより、Bが2以上の場合は、CよりDのほうが少なくなり、③を満たすのは、B＝1の場合のみとわかります。
　よって、この組合せに決まり、選択肢を検討すると、正解は肢3となります。

→ 正解3

## PLAY 6　条件を数式に表して考える問題　　特別区Ⅲ類 2013

　A～Eの5人がスキー場に行き、同じコースを滑った。今、コースを滑った本数について、次のア～エのことが分かっているとき、滑った本数が2番目に多い者と4番目に多い者との本数の差はどれか。ただし、コースを途中で棄権した者は、いなかったものとする。

　ア　滑った本数が同じ者はいなかった。
　イ　Bの本数は、Aの本数より8本少なく、Cの本数より3本多かった。
　ウ　Dの本数は、Bの本数より少なく、Cの本数より多かった。
　エ　Eの本数は、Aの本数とDの本数との和からCの本数を引いた本数より
　　　5本少なかった。

1．3本　　　2．4本　　　3．5本　　　4．6本　　　5．7本

もう1問、式に表してみよう。本問は、具体的な本数は特定しないけど、求める「差」はわかるはず！

A～Eの滑った本数をそのままA～Eと表し、条件イ～エを式にすると、次のようになります。

イ　$B = A - 8 = C + 3$　…①
ウ　$C < D < B$　　　　　…②
エ　$E = A + D - C - 5$　…③

①について、<u>B，CをともにAの式で表すと、</u>次のようになります。

なるべく少ない文字数で表すことを考えるんだ！できれば、全部がAの式になればいいね。

$B = A - 8$　…④　　　　$C = A - 11$　…⑤

また、④，⑤を、②に代入すると、次のようになります。

$A - 11 < D < A - 8$

ここから、Dは、$A - 10$ または、$A - 9$ のいずれかとなりますので、ここで、次のように場合分けをします。

## （1）$D = A - 10$ の場合

$D = A - 10$ と、⑤を③に代入して、EをAの式で表すと次のようになります。

$$E = A + (A - 10) - (A - 11) - 5$$
$$= A + A - 10 - A + 11 - 5$$
$$= A - 4$$

これより、本数の多い順に並べると、表1のようになります。

表1

| 1 | 2 | 3 | 4 | 5 |
|---|---|---|---|---|
| A | E | B | D | C |
| A | $A - 4$ | $A - 8$ | $A - 10$ | $A - 11$ |

## (2) D = A − 9 の場合

同様に、EをAの式で表すと次のようになります。

$$E = A + (A - 9) - (A - 11) - 5$$
$$= A + A - 9 - A + 11 - 5$$
$$= A - 3$$

これより、本数の多い順に並べると、表2のようになります。

表2

| 1 | 2 | 3 | 4 | 5 |
|---|---|---|---|---|
| A | E | B | D | C |
| A | A − 3 | A − 8 | A − 9 | A − 11 |

以上より、表1，2いずれにおいても、2番目と4番目はEとDで、その差は6本とわかり、正解は肢4です。

⇨ 正解 4

1 から 12 までの数字が一つずつ書かれた 12 枚のカードを、A，B，C の 3 人に 4 枚ずつ配った。次のことが分かっているとき、確実にいえるのはどれか。

- ○　A には奇数のカードのみがあった。
- ○　C には 1 のカードがあった。
- ○　3 人ともカードの数字の合計は等しかった。

1.　A には 9 のカードがあった。
2.　B には 6 のカードがあった。
3.　B には偶数のカードのみがあった。
4.　C には 5 のカードがあった。
5.　C には 10 のカードがあった。

各人に配られたカードの数を推理するよ。まずは 12 枚のカードの総和を出してみよう。

3 番目の条件より、カードの合計が 3 人とも等しいということは、1 〜 12 の合計を 3 で割った数が、各人のカードの合計となります。

全てのカードの合計を、3 人で分けたことになるね！

これより、まず、1 〜 12 の合計を求めます。次のように 1 〜 12 を並べると、両端の 1 と 12 の和は 13、また、両端から 2 番目の 2 と 11 の和も 13 というように、端から 2 つずつ組み合わせると、いずれの和も 13 になることがわかります。

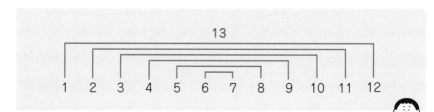

そうすると、和が 13 になる組合せは、12 ÷ 2 ＝ 6（組）あることになりますから、その合計は、13 × 6 ＝ 78 となり、各人のカードの合計は、78 ÷ 3 ＝ 26 とわかります。

この計算は、数的推理の「数列」という分野でよく使うことになるよ！

次に、1，2 番目の条件より、A には奇数のカードばかり 4 枚配られたわけですが、1 のカードは C に配られていますので、残る 3，5，7，9，11 のうち

4枚が配られたことになります。

　ここで、この5つの奇数の合計を計算すると、3 + 5 + 7 + 9 + 11 = 35 ですが、Aの4枚の合計は26ですから、Aに配られなかったカードは、35 − 26 = 9とわかり、ここまでを、表1のように整理します。

表1

| 1 | 2 | 3 | 4 | 5 | 6 | 7 | 8 | 9 | 10 | 11 | 12 |
|---|---|---|---|---|---|---|---|---|----|----|----|
| C |   | A |   | A |   | A |   |   |    | A  |    |

　さらに、Cのカードについて考えると、Cはあと3枚で合計は26 − 1 = 25で、これは奇数ですから、Cは奇数のカードをあと1枚は持っていることになります。

3枚とも偶数だと、合計は偶数にしかならないからね！

　しかし、残るカードは、9以外はすべて偶数ですから、9のカードはCに配られたことになります。

　そうすると、Cの残る2枚の合計は、25 − 9 = 16となり、（4，12）または（6，10）の2通りで、残るカードはBに配られて、それぞれ表2のように成立します。

表2

| 1 | 2 | 3 | 4 | 5 | 6 | 7 | 8 | 9 | 10 | 11 | 12 |
|---|---|---|---|---|---|---|---|---|----|----|----|
| C | B | A | C | A | B | A | B | C | B  | A  | C  |
| C | B | A | B | A | C | A | B | C | C  | A  | B  |

　これより、2通りのいずれにおいても確実にいえることを選択肢から探すと、正解は肢3とわかります。

⇨ 正解3

　スペードの 1 ～ 10、ハートの 1 ～ 10 の合計 20 枚のトランプカードが、A ～ D の 4 人に 5 枚ずつ配られた。自分に配られたカードについて、各人が次のように述べているとき、確実にいえるのはどれか。

　　A：「5 枚ともハートで、全て奇数だった。」
　　B：「5 枚とも全て偶数だった。6 が 2 枚あった。」
　　C：「5 枚のカードに書かれた数の合計は、24 だった。スペードは、3 と 5 の 2 枚のみだった。」
　　D：「スペードの 10 があった。ハートは 1 枚のみだった。」

1．5 枚のカードに書かれた数の合計が最も大きかったのは、A だった。
2．5 枚のカードに書かれた数の合計は、B と C で同じだった。
3．D にはハートの 8 が配られた。
4．同じ数のカードが 2 枚配られたのは、4 人中 2 人だった。
5．ハートのカードが 1 枚のみ配られたのは、4 人中 1 人だった。

> ハートとスペードの 2 種類のカードがあるけど、解き方は、PLAY7 と変わらないよ！

　A の発言より、A のカードは、ハートの 1，3，5，7，9 の 5 枚とわかります。また、B，C，D の発言からわかることを、表 1 のように整理します。

表 1

|  | 1 | 2 | 3 | 4 | 5 | 6 | 7 | 8 | 9 | 10 |
|---|---|---|---|---|---|---|---|---|---|---|
| スペード |  |  | C |  | C | B |  |  |  | D |
| ハート | A |  | A |  | A | B | A |  | A |  |

　C の発言から、C のカードの合計は 24 ですが、スペードの 2 枚で 3 ＋ 5 ＝ 8 ですから、ハートの 3 枚で 24 － 8 ＝ 16 とわかります。
　そうすると、表 1 で残っているハートで、3 枚で 16 になるのは（2，4，10）のみですから、これが C に配られたとわかり、残るハートは 8 のみですが、D の発言より、これは D に配られ、表 2 のようになります。

表2

| | 1 | 2 | 3 | 4 | 5 | 6 | 7 | 8 | 9 | 10 |
|---|---|---|---|---|---|---|---|---|---|---|
| スペード | | | C | | C | B | | | | D |
| ハート | A | C | A | C | A | B | A | D | A | C |

　残るスペード6枚は、Bの発言より、偶数である2，4，8の3枚はBに配られ、残る3枚はDに配られたとわかり、表3のようになります。

表3

| | 1 | 2 | 3 | 4 | 5 | 6 | 7 | 8 | 9 | 10 |
|---|---|---|---|---|---|---|---|---|---|---|
| スペード | D | B | C | B | C | B | D | B | D | D |
| ハート | A | C | A | C | A | B | A | D | A | C |

　これより、選択肢を検討します。

**肢1**　各人のカードの数の合計は、Aは25、Bは26、Cは24、Dは35で、最も大きいのはDです。

**肢2**　肢1の解説より、同じではありません。

**肢3**　確実にいえます。

**肢4**　同じ数のカードが配られたのは、Bだけです。

**肢5**　ハートのカードが1枚のみ配られたのは、BとDの2人です。

正解3

　ある商店に、月曜日から土曜日までの 6 日間に来店した者の数を調べたところ、次のことが分かった。このとき、2 番目に来店者数が多かったのは何曜日か。

○　来店者数を少ない順に並べたところ、連続した六つの整数となり、最も来店者数が少なかったのは水曜日だった。

○　月曜日と火曜日の来店者数の和、水曜日と土曜日の来店者数の和、木曜日と金曜日の来店者数の和は全て等しかった。

○　月曜日と木曜日の来店者数の和より火曜日と金曜日の来店者数の和の方が大きかった。

○　月曜日と土曜日の来店者数の和は、木曜日の来店者数の 2 倍に等しかった。

1.　月曜日　　　2.　火曜日　　　3.　木曜日　　　4.　金曜日　　　5.　土曜日

連続する 6 つの整数はわからないけど、その順番に月〜土を並べればいいんだよね。

　与えられた条件に、来店者数の具体的な人数は全くありませんので、1 番目の条件から、来店者数を<u>少ないほうから 1〜6</u>とおいて検討します。

連続する 6 個の数字なら、何でもイイわけだ！

　まず、最少の「1」は水曜日で、2 番目の条件から、(月, 火)(水, 土)(木, 金) は、(1, 6)(2, 5)(3, 4) のいずれかとなりますので、土曜日は「6」とわかり、ここまでを表 1 のように表します。

表 1

| 来店者数 | 1 | 2 | 3 | 4 | 5 | 6 |
|---|---|---|---|---|---|---|
| 曜日 | 水 | | | | | 土 |

　また、4 番目の条件より、<u>木曜日は、月曜日と土曜日の平均</u>となりますから、表 1 で、月曜日と土曜日の平均、すなわち、ちょうど真ん中が木曜日になるような場合を考えると、表 2 の 2 通りがあります。

月＋土＝木×2 より、
木＝（月＋土）÷2

表2

| 来店者数 | 1 | 2 | 3 | 4 | 5 | 6 |
|---|---|---|---|---|---|---|
| ① | 水 | 月 | | 木 | | 土 |
| ② | 水 | | | 月 | 木 | 土 |

　表2の残る部分には、火曜日と金曜日が入りますが、②の場合は、月＋木＞火＋金となり、3番目の条件を満たしません。

　よって、①に決まり、2番目の条件より、火曜日が「5」、金曜日が「3」となり、表3のようになります。

表3

| 来店者数 | 1 | 2 | 3 | 4 | 5 | 6 |
|---|---|---|---|---|---|---|
| ① | 水 | 月 | 金 | 木 | 火 | 土 |

　よって、2番目に来店者数が多かったのは火曜日となり、正解は肢2です。

 正解2

　A～Eの5人に目隠しをし、白又は赤の帽子をかぶせた。帽子の正面には1
～5のそれぞれ異なる数字が一つだけ書かれている。目隠しを外し、自分以外
の4人がかぶっている帽子について、A～Dが次のように述べているとき、確
実にいえるのはどれか。

　A：「白，赤の帽子をかぶっている者がそれぞれ2人おり、白の帽子にかか
　　　れた数字の和は5である。」
　B：「白，赤の帽子をかぶっている者がそれぞれ2人おり、白の帽子に書か
　　　れた数字の和と赤の帽子に書かれた数字の和は等しい。」
　C：「4人の帽子に書かれた数字の和は11である。」
　D：「白の帽子をかぶっている者が3人いる。また、赤の帽子をかぶってい
　　　る者が1人おり、その帽子に書かれた数字は5である。」

1. Aは数字の2が書かれた白の帽子をかぶっている。
2. Bは数字の1が書かれた白の帽子をかぶっている。
3. Cは数字の4が書かれた赤の帽子をかぶっている。
4. Dは数字の3が書かれた赤の帽子をかぶっている。
5. Eは数字の2が書かれた白の帽子をかぶっている。

> 各人が見えている帽子から数字を推理するよ。

　A，Bの発言から、赤の帽子をかぶっている者が最少でも2人おり、また、
Dの発言から、白の帽子をかぶっている者は最少でも3人いることになります
ので、5人の帽子の色は、白が3人、赤が2人とわかります。
　そうすると、A，B，Dの帽子の色は、各人の発言より次のようになります。

| | | | |
|---|---|---|---|
| A | → | 白2人、赤2人が見える | → | Aは白 |
| B | → | 白2人、赤2人が見える | → | Bは白 |
| D | → | 白3人、赤1人が見える | → | Dは赤 |

　よって、残るCとEは、白と赤が1人ずつとなります。
　また、帽子に書かれた数字は1～5で、合計は15ですから、Cの発言より、
C＝4とわかります。

そうすると、Dの発言にある赤の5をかぶっているのは、CではないのでE に決まりますから、Cは白とわかり、ここまでを表1のように整理します。

表1

| A | B | C | D | E |
|---|---|---|---|---|
| 白 | 白 | 白 | 赤 | 赤 |
|  |  | 4 |  | 5 |

さらに、Aの発言より、BとCの和は5ですから、 B＝1となります。

また、B以外の4人の数字の和は15 − 1 = 14で すから、Bの発言より、AとC、DとEの和はそれぞ れ7となりますので、A＝3、D＝2とわかり、表2 のようになります。

Aから見える白2人 はBとCだよ。

Bから見える白2人 はAとCだね。

表2

| A | B | C | D | E |
|---|---|---|---|---|
| 白 | 白 | 白 | 赤 | 赤 |
| 3 | 1 | 4 | 2 | 5 |

これより、選択肢を検討すると、正解は肢2となります。

➡ 正解2

表面と裏面が区別できる正方形のカードが9枚ある。これらのカードの表面には、1～9の互いに異なる数字が一つ書かれており、また、裏面にも、1～9の互いに異なる数字が一つ書かれているが、いずれのカードも表面と裏面の数字は異なっている。

いま、これらのカードを図Ⅰのように表面を上にして並べ、上になっている面の数字が偶数のカードを全て裏返した。その後、上になっている面の数字が素数のカードを全て裏返したところ、図Ⅱのようになった。このとき、確実にいえるのはどれか。

なお、素数は、1とその数のほかに約数がない正の整数である。ただし、1は素数ではない。

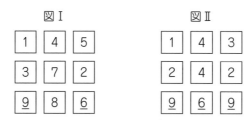

図Ⅰ 1 4 5 / 3 7 2 / 9 8 6

図Ⅱ 1 4 3 / 2 4 2 / 9 6 9

1. 表面の数字が1で、裏面の数字が8のカードがある。
2. 表面の数字が2で、裏面の数字が5のカードがある。
3. 表面の数字が2で、裏面の数字が7のカードがある。
4. 表面の数字が4で、裏面の数字が5のカードがある。
5. 表面の数字が9で、裏面の数字が8のカードがある。

図Ⅰと図Ⅱを照らし合わせて考えよう！ まずは、表面が奇数のカードがわかりやすいかな。

初めに偶数のカードを裏返した操作を「操作①」、その後素数のカードを裏返した操作を「操作②」とします。

まず、操作①で裏返されなかった、表面が奇数のカードについて考えます。表面が奇数のカードは、1，3，5，7，9ですが、このうち、3，5，7は素数ですから、操作②で裏返されます。

そうすると、図Ⅰ，Ⅱより、3の裏面は2、5の裏面は3、7の裏面は4とわかります。しかし、1，9は一度も裏返されませんので、裏面の数は現時点では不明ですね。ここまでを、表1のようにまとめます。

表1

| 表面 | 1 | 2 | 3 | 4 | 5 | 6 | 7 | 8 | 9 |
|---|---|---|---|---|---|---|---|---|---|
| 裏面 | ? | | 2 | | 3 | | 4 | | ? |

次に、表面が偶数である2, 4, 6, 8カードについて考えます。これらのカードは操作①で裏返されますが、裏面が素数の場合、操作②でさらに裏返されて、表面に戻ります。

これより、図Ⅱで表面が2, 4のカードを見ると、図Ⅱでも2, 4であることから、これらのカードは裏面が素数であったとわかります。

条件より、表と裏の数は異なるからね。

また、6, 8のカードについては、図Ⅱより、6の裏面が9、8の裏面が6とわかり、ここまでで表2のようになります。

表2

| 表面 | 1 | 2 | 3 | 4 | 5 | 6 | 7 | 8 | 9 |
|---|---|---|---|---|---|---|---|---|---|
| 裏面 | ? | 素数 | 2 | 素数 | 3 | 9 | 4 | 6 | ? |

表2より、裏面で残る数字は1, 5, 7, 8ですが、このうち、素数は5, 7で、これが表面2, 4のいずれかのカードの裏面となります。

ここは確定しないね。

残る1, 8が、表面1, 9のいずれかの裏面ですが、表と裏の数は異なるので、1の裏面が8、9の裏面が1とわかり、表3のようになります。

表3

| 表面 | 1 | 2 | 3 | 4 | 5 | 6 | 7 | 8 | 9 |
|---|---|---|---|---|---|---|---|---|---|
| 裏面 | 8 | (5) | 2 | (7) | 3 | 9 | 4 | 6 | 1 |

※裏面5と7は入れ替えOK

これより、選択肢を検討すると、正解は肢1となります。

⇨ 正解1

　大きさが同じで、重さがそれぞれ異なる5種類のボールA～Eを組み合わせて天びんに載せたとき、下の図のように結果が示された。ボールA～Eのうち、最も重いボールはどれか。

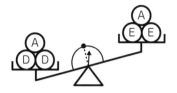 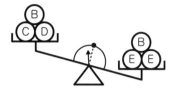

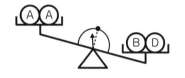 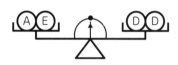

1. A　　　2. B　　　3. C　　　4. D　　　5. E

> まずは、それぞれのてんびんからわかる大小関係を式にしてみよう。

　それぞれの図から、次のようにわかります。

$$A + 2D > A + 2E$$
$$2D > 2E \quad \therefore D > E \quad \cdots ①$$

$$2A < B + D \quad \cdots ③$$

$$B + C + D < B + 2E$$
$$C + D < 2E \quad \cdots ②$$

$$A + E = 2D \quad \cdots ④$$

　④より、Dは、AとEの平均になりますので、数直線に表すと、AとEのちょうど真ん中に位置します。

　そうすると、①より、D＞Eですから、図1のようになりますね。

④の両辺を2で割ると、
（A＋E）÷2＝Dに
なるでしょ！

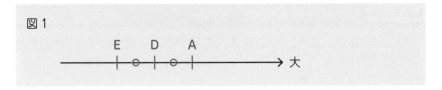

図1

さらに、②より、Eは、CとDの平均より重いので、数直線ではCとDの真ん中より右方向（大きいほう）に位置します。これを満たすよう図1にCを加えると、図2のようになります。

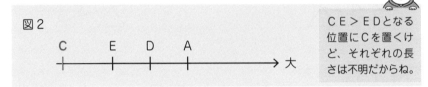

図2

CE＞EDとなる位置にCを置くけど、それぞれの長さは不明だからね。

同様に、③より、Aは、BとDの平均より軽いので、BとDの真ん中より左方向（小さいほう）に位置し、これを満たすよう図2にBを加えると、図3のようになります。

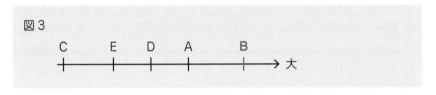

図3

これより、最も重いのはBとなり、正解は肢2です。

⇨ 正解2

# #6 その他の推理

頻出度 ★★★☆☆　重要度 ★★★★☆　コスパ ★★☆☆☆

#1〜#5と同じ系統ですが、どのカテゴリーにも属さないような変わった問題も中にはあります。基本的な解法は今までと同じですから、柔軟な思考で解いてみてください。

---

## PLAY 1　条件を満たす組合せを考える問題　　海上保安学校など 2019

A，B，Cの3人に、四つの議案について賛成か反対かを尋ね、その答えをもとに、多数決によって、各議案を採択するかどうかを決めた。次のことが分かっているとき、確実にいえるのはどれか。

　○　どの二つの議案についても、3人の答えの組合せが同一になったものはなかった。
　○　四つの議案のうち、BとCがともに反対と答えたものはなかった。
　○　Cは、全ての議案について、自分の答えと多数決の結果が一致していた。

1. Aの答えと多数決の結果が一致した議案は、二つであった。
2. Aの答えとCの答えが一致した議案は、二つであった。
3. BとCが共に賛成と答えた議案は、三つであった。
4. 2人のみが賛成と答えた議案は、一つのみであった。
5. 多数決の結果、三つの議案が採択された。

条件を満たす賛否の組合せは4通りしかないからね。

　条件を満たす、3人の答えの組合せを考えます。
　まず、2番目の条件より、BとCは、「ともに賛成」または「賛成と反対が1人ずつ」のいずれかです。
　「ともに賛成」の場合、Aは賛成、反対のいずれであっても、3番目の条件を満たします。
　また、「賛成と反対が1人ずつ」の場合、3番目の条件より、AはCと同じ答えであったとわかります。

これより、3人の賛否の組合せは、以下の4通りとなりますね。

| | A | B | C |
|---|---|---|---|
| ① | ○ | ○ | ○ |
| ② | × | ○ | ○ |
| ③ | × | ○ | × |
| ④ | ○ | × | ○ |

　1番目の条件より、4つの議案はいずれも3人の答えの組合せが異なっていたので、①〜④が1つずつであったことになり、③を除く3つの議案が採択されたとわかります。
　よって、正解は肢5です。

⇨ 正解5

　A〜Eの5人に、裏面が黒色または白色のカードを、裏面が見えないように配った後、それぞれ、自分のカードの裏面は見ずに、他の4人のカードの裏面を見ることにした。自分以外の4人のカードの裏面の色に関して、A，D，Eの3人が以下のように発言している。このとき、5人のカードの裏面の色について、確実にいえることとして、最も妥当なのはどれか。

　A「裏面が黒いカードは2人だけだった。」
　D「BとCは異なる色のカードだった。」
　E「裏面が黒いカードは2人だけだった。」

1.　Aのカードの色とDのカードの色は異なる。
2.　Aのカードの色とEのカードの色は異なる。
3.　BとDは同じ色のカードである。
4.　Dから他の4人のカードを見ると、裏面が黒いカードは2人だけである。
5.　裏面が黒いカードは3人だけである。

　AとEは同じことを言ってるね。まず、Dの発言から確認してみようか。

まず、Dの発言より、BとCのカードは黒と
白が1人ずつですね。そうすると、Aの発言より、
DとEのカードも黒と白が1人ずつであるとわ
かり、ここで場合分けをします。

Aが見た、B～Eの4人の
うち、黒が2人だからね。

## （1）Dのカードが黒の場合

　B，C，Dに黒いカードが2人いることになりますので、Eの発言より、A
のカードは白で、次のようになります。

| A | （B） | （C） | D | E |
|---|---|---|---|---|
| 白 | 黒 | 白 | 黒 | 白 |

BとCの区別はつかないの
で、この2人は入れ替え
OKだからね！

## （2）Eのカードが黒の場合

　B，C，Dに黒いカードは1人だけですから、Eの発言より、Aのカードは
黒で、次のようになります。

| A | （B） | （C） | D | E |
|---|---|---|---|---|
| 黒 | 黒 | 白 | 白 | 黒 |

　以上より、（1），（2）のそれぞれの場合で成立しますので、そのいずれにお
いても確実にいえることを選択肢から探すと、正解は肢1となります。

⇨ 正解1

階段の下（0 段目）にいる A，B，C の 3 人が次のルールでじゃんけんをして、誰が一番先に階段の 10 段目を越えるかを競った。次のことが分かっているとき、確実にいえるのはどれか。

> ルール
> ・「グー」で勝った場合、階段を 3 段上がる。
> ・「チョキ」で勝った場合、階段を 6 段上がる。
> ・「パー」で勝った場合、階段を 6 段上がる。
> ・あいこや負けた場合、その位置を動かない。
> ・1 回のじゃんけんで勝つ人数は、1 人でも 2 人でもよい。

○　じゃんけんの回数は 6 回で、6 回目に A だけが「グー」を出して最初に 10 段目を越えた。

○　あいこの回数は 1 回で、全員がそれぞれ異なる手を出した。

○　「チョキ」が勝ちになった回数は、3 回であった。

○　B は、「グー」を 2 回出したが、そのうち 1 回は勝ちで、もう 1 回はあいこであった。

○　C は、「チョキ」を 4 回出した。

1．A は、「パー」を 3 回出した。
2．B は、「チョキ」を 3 回出した。
3．C は、「グー」を 1 回出した。
4．B は、6 回のじゃんけん後に、3 段目にいた。
5．C は、6 回のじゃんけん後に、9 段目にいた。

**10 段なんて、チョキやパーで 2 回勝ったら超えられるよね。**

　1 番目の条件より、6 回目は A だけがグーで勝ったので、B と C はチョキを出したとわかります。

　また、3 番目の条件より、チョキで勝ちになった回は 3 回ですが、同じ人がチョキで 2 回勝ったら、6 × 2 ＝ 12（段）上がり、そこで競技は終わりますので、**チョキで勝ったのは各人が単独で 1 回ずつ**であったとわかります。

　条件より、1 回目〜5 回目の区別はありませんので、表 1 のように、1 回目〜5 回目をア〜オとし、A，B，C がチョキで勝った回をそれぞれア、イ、ウとして、表 1 に記入します。

表1

|   | ア | イ | ウ | エ | オ | 6回目 |
|---|---|---|---|---|---|---|
| A | チョキ | パー | パー |   |   | グー |
| B | パー | チョキ | パー |   |   | チョキ |
| C | パー | パー | チョキ |   |   | チョキ |

　ここで、4, 5番目の条件より、残るエとオの2回は、Bはいずれもグーを、Cはいずれもチョキを出したとわかります。また、エとオのうち1回はあいこですから、この回をエとすると、Aはここではパーを出したとわかります。

　そうすると、4番目の条件より、残るオの回でBはグーで勝っています。

　では、オの回のAについて考えると、Aはア〜エではチョキで1回勝って6段上がっただけですので、6回目にグーで勝って10段を超えたということは、オの回でBとともにグーで勝って、9段目まで上がっていたとわかり、表2のようになります。

表2

|   | ア | イ | ウ | エ | オ | 6回目 |
|---|---|---|---|---|---|---|
| A | チョキ | パー | パー | パー | グー | グー |
| B | パー | チョキ | パー | グー | グー | チョキ |
| C | パー | パー | チョキ | チョキ | チョキ | チョキ |

　これより、6回のじゃんけん後に、Bは9段目、Cは6段目にいるとわかり、選択肢を検討すると、正解は肢1となります。

➡ 正解 1

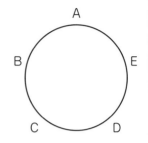

　図のように、A～Eの5人が円卓を囲んで座っている。クッキーと饅頭がそれぞれ5個ずつあり、これらをこの5人に3回に分けて配ることとした。次のことが分かっているとき、確実にいえるのはどれか。

1回目：A又はBのどちらか1人と、C、Dにクッキーを1個ずつ配り、残りの2人に饅頭を1個ずつ配った。

2回目：C又はDのどちらか1人と、Aにクッキーを1個ずつ配った。

3回目：2回目に何も配られなかった3人に、饅頭を1個ずつ配ったところ、クッキーが2個配られた者と饅頭が2個配られた者は隣り合っていなかった。

1. Aにはクッキーが2個配られた。
2. Bにはクッキーと饅頭が配られた。
3. Cには3回目に饅頭が配られた。
4. Dにはクッキーが2個配られた。
5. A～Dのうち、クッキーが1個も配られなかった者がいる。

饅頭を2個配られた人に着目かな！

　まず、確実にわかっているのは、1回目でC、Dにクッキー、Eに饅頭、2回目でAにクッキー、3回目でB、Eに饅頭が配られたことで、ここまでを表1のように整理します。

表1

|  | A | B | C | D | E |
|---|---|---|---|---|---|
| 1回目 |  |  | クッキー | クッキー | 饅頭 |
| 2回目 | クッキー | ― |  |  | ― |
| 3回目 | ― | 饅頭 |  |  | 饅頭 |

　これより、Eには饅頭が2個配られていますので、3回目の条件より、Eと隣り合うAとDにクッキー2個は配られてはいません。

　よって、1回目にAとBに配られたのは、Bにクッキー、Aに饅頭で、2回

目にクッキーが配られたのはDではなくCとなり、Dには3回目で饅頭が配られたとわかり、表2のようになります。

表2

|  | A | B | C | D | E |
|---|---|---|---|---|---|
| 1回目 | 饅頭 | クッキー | クッキー | クッキー | 饅頭 |
| 2回目 | クッキー | — | クッキー | — | — |
| 3回目 | — | 饅頭 | — | 饅頭 | 饅頭 |

これより、正解は肢2となります。

⇨ 正解2

頻出度 ★★★★☆    重要度 ★★★★☆    コスパ ★★★★☆

論理的な思考力を試す問題ですが、「論理式」や「ベン図」という解法で、機械的に解ける問題が多いです。まずは、その使い方をマスターしましょう!

## 基本事項

### >>> 1. 論理式

　真偽がはっきりしている文章を「命題」といい、「AならばBである」という命題を「A → B」と表し、これを「論理式」といいます。Aに当てはまるものは、すべてBに当てはまるという意味です。

　たとえば、「猫は動物である」は「猫 → 動物」のように表します。

### >>> 2. 否定

　論理式で、「Aでない」というように、Aを否定したものを「$\overline{A}$」と表します。上の棒印は「バー」と読みます。

　すべてのものは、Aであるか、Aでないかのいずれかに分類されるわけですから、Aの否定は$\overline{A}$で、$\overline{A}$の否定はAとなります。

$$Aの否定 \Rightarrow \overline{A} \qquad \overline{A}の否定 \Rightarrow \overline{\overline{A}} = A$$

### >>> 3. 対偶

　論理式の左右を入れ替えて（または矢印の向きを変えて）、それぞれを否定した命題を「対偶」といい、次のように表します。

$$「A → B」の対偶 \Rightarrow 「\overline{B} → \overline{A}」$$

　たとえば、「猫 → 動物」（猫は動物である）の対偶は、「$\overline{動物}$ → $\overline{猫}$」（動物でないならば猫ではない）のようになり、元の命題と一致する内容になります。

したがって、同じ内容で別の形の命題が必要なときは、対偶を作ることになります。

## >>> 4. 三段論法

命題「A→B」と「B→C」を合体させると、次のようになります。

$$\left.\begin{array}{l}\text{「A→B」}\\\text{「B→C」}\end{array}\right\} \Rightarrow \text{「A→B→C」}$$

ここから、「A → C」を導くことができます。

たとえば、「猫は小動物である」「小動物は可愛らしい」は、「猫 → 小動物 → 可愛らしい」と表せ、ここから「猫は可愛らしい」が導けます。

このように、共通する項目があれば、論理式をつなげることができ、矢印がつながるものはすべて、論理的に導くことができます。

## >>> 5. 命題の分解

命題の中に、2つの事柄が「かつ」「または」でつながれていることがあります。

このようなときは、「かつ」は「∧」、「または」は「∨」の記号を使って、次のように表します。

$$\text{「AかつB」} \Rightarrow \text{「A∧B」} \qquad \text{「AまたはB」} \Rightarrow \text{「A∨B」}$$

ちなみに、この「∨」は、二者択一ではなく、「少なくとも片方に該当する」という意味で、「両方」を含みます。たとえば、「A校合格 ∨ B校合格」は両方に合格した人を含むということです。

この「∧」や「∨」でつながる2つの事柄は、次のような場合、分解することが可能です。

$$
\begin{array}{llll}
① & A→B∧C & \Rightarrow & A→B \quad A→C \\
② & A∨B→C & \Rightarrow & A→C \quad B→C
\end{array}
$$

①の場合は、たとえば、「A校に合格した人は、B校にもC校にも合格した」とすると、「A校に合格した人はB校に合格した」「A校に合格した人はC校に合格した」と分解できることになります。

②の場合は、「A校またはB校に合格した人は、C校に合格した」とすると、「A校に合格した人はC校に合格した」「B校に合格した人はC校に合格した」と分解できます。

なお、次のような場合は、分解はできません。

$$A \rightarrow B \vee C \quad \Rightarrow \quad 分解不可能$$
$$A \wedge B \rightarrow C \quad \Rightarrow \quad 分解不可能$$

分解できるかどうかは、文章の内容を考えれば判断できるから、特に覚えなくても大丈夫！

>>> 6. ド・モルガンの法則

「A∧B」や「A∨B」の否定は、次のようになります。

① 「A∧B」の否定 $\Rightarrow \overline{A \wedge B} = \overline{A} \vee \overline{B}$
② 「A∨B」の否定 $\Rightarrow \overline{A \vee B} = \overline{A} \wedge \overline{B}$

①の場合、「A∧B」は、次の図のイの部分に当たります。そうすると、「$\overline{A \wedge B}$」は、イ以外のすべて、すなわち、ア，ウ，エの部分となり、「Aに該当しない、またはBに該当しない」部分ですから、「$\overline{A} \vee \overline{B}$」と同じ意味になります。

両方とも該当しない（エ）を含むよ！

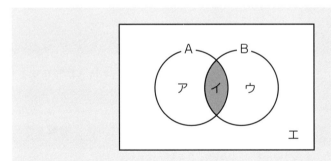

②の場合、「A∨B」は、次の図のア，イ，ウの部分に当たります。そうすると、「$\overline{A \vee B}$」は、これ以外のエの部分となり、「AにもBにも該当しない」部分で、「$\overline{A} \wedge \overline{B}$」と同じ意味になります。

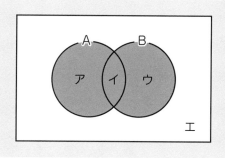

すなわち、「A∧B」や「A∨B」を否定するときは、A，Bをそれぞれ否定して、∧，∨の記号も逆にすることになり、これを「ド・モルガンの法則」といいます。

### 》》》 7. 命題とベン図

これまでの「AならばBである」のような、論理式で表せる命題を「全称命題」といいます。AであるものすべてがBに該当するという命題です。

これに対して、「あるAはBである」のように、一部の存在を示す命題を「特称命題」（または「存在命題」）といい、このような命題は、論理式で表すことはできません。

これより、特称命題を含む場合は、「ベン図」という集合図を使って解くことになります。

ベン図の描き方は、次の通りです。

### ①「AならばBである」

Aに該当するものは、すべてBに該当するので、Aの集合は、Bの集合に含まれることになり、次のようになります。

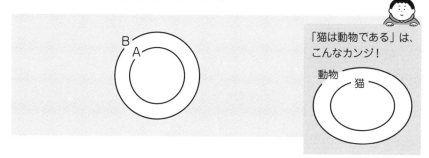

「猫は動物である」は、こんなカンジ！

② 「AならばBでない」

　これも全称命題です。Aに該当するものは、いずれもBに該当しないので、Aの集合とBの集合は交わりを持たない、すなわち、離れることになります。

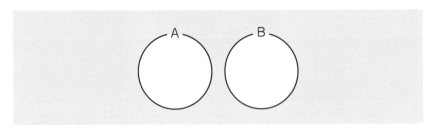

③ 「あるAはBである」

　Aの中に、Bに該当するもの、すなわち、「A∧B」であるものが存在するので、次のような図になり、イの部分に該当するものが存在することを示します。

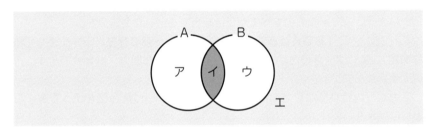

　この場合、命題「あるAはBである」は、イの部分の存在を示すだけで、ア，ウ，エの部分に存在するものについては不明であることに注意してください。不明ということは、存在するものがある可能性はありますが、確実にはいえないということです。

次のアとイの命題から、論理的にウが導かれるとき、イにあてはまる命題として、最も妥当なのはどれか。

ア　あいさつをする人は社交的だ。
イ　「　　　　　　　　　　　　　　」
ウ　活発でない人はあいさつをしない。

1. あいさつをしない人は活発ではない。
2. 社交的な人は活発ではない。
3. 活発でない人は社交的ではない。
4. 活発な人は社交的である。
5. 社交的でない人は活発ではない。

まずは、三段論法（基本事項4）の確認だよ。

アとウを論理式に表すと、次のようになります。

　　ア　あいさつ ⟶ 社交的

　　ウ　$\overline{活発}$ ⟶ $\overline{あいさつ}$

アの「あいさつ」を、ウと同じ形にするために対偶を作ると、次のようになります。

同じ内容で、別の形にするんだね！

　　アの対偶　$\overline{社交的}$ ⟶ $\overline{あいさつ}$

ここで、ウを導くために、「$\overline{活発}$」から「$\overline{あいさつ}$」に矢印をつなげることを考えると、「$\overline{活発}$ → $\overline{社交的}$」という命題をアの対偶につなげればいいことがわかり、次のようになります。

　　ア　$\overline{社交的}$ ⟶ $\overline{あいさつ}$ ⎤
　　　　　　　　　　　　　　　　　　　　 ⎦ ⇒ $\overline{活発}$ ⟶ $\overline{社交的}$ ⟶ $\overline{あいさつ}$
　　イ　$\overline{活発}$ ⟶ $\overline{社交的}$

　　　　　　　　　　　　　　　　　　　　　　　　　⇓

　　　　　　　　　　　　　ウ　$\overline{活発}$ ⟶ $\overline{あいさつ}$

よって、イは「活発でない人は社交的ではない」という命題となり、正解は肢3です。

正解3

　ある中学校で生徒に、国語，数学，英語，理科の4教科について、それぞれ好きか好きでないかを調査したところ、次のことが分かった。これらのことから、確実にいえるのはどれか。

　○　数学が好きな生徒は、国語が好きでない。
　○　理科が好きでない生徒は、国語が好きである。
　○　理科が好きな生徒は、英語が好きでない。

1．国語が好きな生徒は、英語が好きである。
2．国語が好きな生徒は、理科が好きでない。
3．数学が好きな生徒は、英語が好きである。
4．英語が好きな生徒は、数学が好きでない。
5．理科が好きな生徒は、数学が好きである。

それぞれの条件を論理式に表してつなげてみよう！

与えられた条件を論理式に表すと、次のようになります。

数学 $\longrightarrow$ $\overline{国語}$ …①

$\overline{理科}$ $\longrightarrow$ 国語 …②

理科 $\longrightarrow$ $\overline{英語}$ …③

①と②には「国語」が共通ですから、②の対偶を作って、①につなげます。

②の対偶　　$\overline{国語}$ $\longrightarrow$ 理科 …④

①＋④　　　数学 $\longrightarrow$ $\overline{国語}$ $\longrightarrow$ 理科 …⑤

さらに、③をつなげて、次のようになります。

⑤ + ③　　数学 ⟶ 国語̄ ⟶ 理科 ⟶ 英語̄

これより、選択肢を検討します。

**肢1**　「国語̄ → 英語̄」が導けますので、その対偶「英語 → 国語」も導けますが、「国語 → 英語」は導けません。

**肢2**　「国語̄ → 理科」は導けますが、「国語 → 理科」は導けません。

**肢3**　「数学 → 英語̄」が導けますので、誤りです。

**肢4**　「数学 → 英語̄」が導けますので、その対偶「英語 → 数学̄」も導け、確実にいえます。

**肢5**　「数学 → 理科」は導けますが、「理科 → 数学」は導けません。

➡ 正解 4

---

**PLAY 3**　命題を論理式に表す問題　　　　東京消防庁 III 類 2020

陸上競技部の部員に対して、興味を持っている陸上競技を尋ねたところ、次のア〜エのことがわかった。このとき、確実にいえることとして、最も妥当なのはどれか。

　ア　短距離競技に興味を持っている者は、跳躍競技にも興味を持っている。
　イ　中距離競技に興味を持っている者は、投てき競技にも興味を持っている。
　ウ　長距離競技に興味を持っている者は、短距離競技には興味を持っていない。
　エ　投てき競技に興味を持っている者は、跳躍競技には興味を持っていない。

1. 中距離競技に興味を持っている者は、長距離競技にも興味を持っている。
2. 長距離競技に興味を持っている者は、跳躍競技には興味を持っていない。
3. 投てき競技に興味を持っていない者は、短距離競技には興味を持っている。
4. 跳躍競技に興味を持っていない者は、中距離競技には興味を持っている。
5. 短距離競技に興味を持っている者は、中距離競技には興味を持っていない。

PLAY 2 の類題だよ。共通部分を探して要領よくつなげていこう。

与えられた条件を論理式に表すと、次のようになります。

ア　短距離 ⟶ 跳躍
イ　中距離 ⟶ 投てき
ウ　長距離 ⟶ $\overline{短距離}$
エ　投てき ⟶ $\overline{跳躍}$

イとエには「投てき」が共通ですから、次のようにつなげます。

イ＋エ　　中距離 ⟶ 投てき ⟶ $\overline{跳躍}$　…①

①とアには「跳躍」が共通ですから、アの対偶を作って、①につなげます。

アの対偶　$\overline{跳躍}$ ⟶ $\overline{短距離}$

①＋ア　　中距離 ⟶ 投てき ⟶ $\overline{跳躍}$ ⟶ $\overline{短距離}$　…②

さらに、ウをつなげて、次のようになります。

②＋ウ　　中距離 ⟶ 投てき ⟶ $\overline{跳躍}$ ⟶ $\overline{短距離}$ ⟵ 長距離

これより、選択肢を検討します。

**肢1**　「中距離 → 長距離」は導けません。

**肢2**　「長距離 → $\overline{跳躍}$」は導けません。

**肢3**　「投てき → $\overline{短距離}$」は導けますが、「投てき → 短距離」は導けません。

**肢4**　「$\overline{跳躍}$ → 中距離」は導けません。

**肢5**　「中距離 → $\overline{短距離}$」が導けますので、その対偶「短距離 → $\overline{中距離}$」が導け、確実にいえます。

⇨ 正解5

あるグループの人たちの動物の好みについて、以下のことがわかっている。

・猿が好きでない人は、鳥が好きでない。
・犬が好きな人は、猫が好きでない。
・象が好きでない人は、猫が好きである。

このとき、「犬が好きな人は、猿が好きである。」ことがいえるために必要な条件として、最も妥当なのはどれか。

1. 猿が好きな人は、猫が好きである。
2. 猿が好きでない人は、猫が好きでない。
3. 鳥が好きな人は、象が好きである。
4. 鳥が好きな人は、象が好きでない。
5. 鳥が好きでない人は、象が好きでない。

本問は、結論を導くのに必要な条件を探す問題だね。まずは、結論も含めて論理式に表してみよう。

2番目の条件を論理式で表し、3番目の条件「象 → 猫」は対偶を作り「猫 → 象」として、2番目の条件につなげると、次のようになります。

「犬 → 猿」を導くためには、「犬 →」を含む式と、「→ 猿」を含む式を、まず見つけないとね！

$$犬 \longrightarrow \overline{猫} \longrightarrow 象 \quad \cdots ①$$

また、1番目の条件「猿 → 鳥」は、次のように対偶を作ります。

$$鳥 \longrightarrow 猿 \quad \cdots ②$$

「犬」と「猿」の間をつなぐんだから、「猫」「象」のどっちかから「鳥」につながるのが一般的かな!?

ここで、①と②をつなげて、「犬」から「猿」へ矢印が通ることを考えると、<u>①の「犬」「猫」「象」のいずれかから、②の「鳥」「猿」のいずれかへ矢印がつながればいいとわかります。</u>

これより、そのような内容を選択肢から探しますが、選択肢はいずれも「鳥」または「猿」から始まる文章ですから、対偶を作って検討します。

**肢 1** 対偶は「猫 → 猿」で、これを加えても「犬 → 猿」は導けません。

**肢 2** 対偶は「猫 → 猿」で、同様に導けません。

肢3　対偶は「象 → 鳥」で、同様に導けません。

肢4　対偶は「象 → 鳥」で、同様に導けません。

肢5　対偶は「象 → 鳥」で、これを加えると、「犬 → 猫 → 象 → 鳥 → 猿」となり、「犬 → 猿」が導けます。

⟹ 正解5

---

**PLAY 5**　命題を分解する問題　　　　　　　　東京消防庁III類 2012

次のアからエの命題が成り立つとき、論理的に導き出されるものとして、最も妥当なのはどれか。

ア　猫が好きな人は犬が好きではない。
イ　ハムスターが好きな人は犬が好きである。
ウ　ヘビが好きな人はトカゲが好きである。
エ　ヘビまたはハムスターが好きではない人はカメが好きである。

1.　猫が好きな人はハムスターが好きである。
2.　犬が好きではない人はカメが好きではない。
3.　トカゲが好きな人はカメが好きである。
4.　カメが好きではない人は猫が好きではない。
5.　ハムスターが好きな人はトカゲが好きである。

命題を分解してつなげるよ。基本事項5は確認したかな？

条件アを論理式で表し、条件イをつなげます。条件イ「ハムスター → 犬」は対偶を作って、「犬 → ハムスター」として、次のようになります。

猫 ⟶ 犬 ⟶ ハムスター　…①

ここで、条件エについて、次の②，③のように分解します。

ヘビ ∨ ハムスター ⟶ カメ　＝　ヘビ ⟶ カメ　…②

ハムスター ⟶ カメ　…③

これより、③を①につなげ、ここへ②をつなげて、次のようになります。

猫 ⟶ $\overline{犬}$ ⟶ $\overline{ハムスター}$ ⟶ カメ ⟵ $\overline{ヘビ}$

さらに、条件ウ「ヘビ → トカゲ」の対偶「$\overline{トカゲ}$ → $\overline{ヘビ}$」をつなげると、次のようになります。

猫 ⟶ $\overline{犬}$ ⟶ $\overline{ハムスター}$ ⟶ カメ ⟵ $\overline{ヘビ}$ ⟵ $\overline{トカゲ}$

これより、選択肢を検討します。

**肢1** 「猫 → $\overline{ハムスター}$」が導けますので、誤りです。

**肢2** 「$\overline{犬}$ → カメ」が導けますので、誤りです。

**肢3** 「$\overline{トカゲ}$ → カメ」は導けますが、「トカゲ → カメ」は導けません。

**肢4** 「猫 → カメ」が導けますので、対偶「$\overline{カメ}$ → $\overline{猫}$」も導け、確実にいえます。

**肢5** 「ハムスター → トカゲ」は導けません。

⟹ **正解4**

**PLAY 6** 命題を分解する問題　　　　　　　　　　　　　警視庁Ⅲ類 2010

あるサークルに所属しているメンバーについて、次のア～ウのことが分かっているとき、論理的に確実にいえるものはどれか。

ア　高校生は小説が好きであり、中学生は映画が好きでない。
イ　眼鏡をかけていない人は音楽が好きではない。
ウ　小説が好きな人は映画も音楽も好きである。

1. 中学生は小説が好きである。
2. 音楽が好きではない人は眼鏡をかけていない。
3. 映画が好きな人は高校生である。
4. 眼鏡をかけていない人は高校生ではない。
5. 小説が好きではない人は映画が好きではない。

本問も、命題を分解して論理式をつなげてみよう。

条件アは、それぞれ次のように論理式に表します。

高校生 ⟶ 小説　…①　　中学生 ⟶ 映画 …②

また、条件ウは、次のように分解します。

小説 ⟶ 映画 ∧ 音楽　＝　小説 ⟶ 映画

　　　　　　　　　　　　　小説 ⟶ 音楽

これより、①にウをつなげ、さらに、②の対偶「映画 → 中学生」をつなげると、次のようになります。

さらに、条件イ「眼鏡 → 音楽」の対偶「音楽 → 眼鏡」をつなげて、次のようになります。

156

高校生 ⟶ 小説 ⟶ 映画 ⟶ $\overline{中学生}$

$\downarrow$

音楽 ⟶ 眼鏡

これより、選択肢を検討します。

**肢1** 「小説 → $\overline{中学生}$」が導けますので、対偶「中学生 → $\overline{小説}$」が導け、誤りです。

**肢2** 「音楽 → 眼鏡」は導けますが、「$\overline{音楽}$ → $\overline{眼鏡}$」は導けません。

**肢3** 「高校生 → 映画」は導けますが、「$\overline{映画}$ → $\overline{高校生}$」は導けません。

**肢4** 「高校生 → 眼鏡」が導けますので、対偶「$\overline{眼鏡}$ → $\overline{高校生}$」が導け、確実にいえます。

**肢5** 「小説 → 映画」は導けますが、「$\overline{小説}$ → $\overline{映画}$」は導けません。

⇨ **正解 4**

A～Dの推論のうち、論理的に正しいもののみを挙げているのはどれか。

A：ラーメンが好きな人は、牛丼が好きである。
　　ラーメンが好きな人は、ギョウザが好きである。
　　したがって、牛丼が好きな人は全員ラーメンが好きである。
B：イヌが好きでない人は、ネコが好きでない。
　　ハムスターが好きでない人はネコが好きである。
　　したがって、イヌが好きでない人は、全員ハムスターが好きである。
C：野球とサッカーが両方好きな人は、テニスが好きである。
　　テニスが好きな人は、卓球が好きである。
　　したがって、野球またはサッカーが好きな人は、全員卓球が好きである。
D：数学が得意な人は、国語も英語も不得意である。
　　したがって、国語または英語が得意な人は、全員数学が不得意である。

1. A，C　　　2. A，D　　　3. B，C　　　4. B，D　　　5. C，D

ド・モルガンの法則（基本事項6）は理解できているかな？　

A　前提となる2つの命題を論理式にしてつなげると、次のようになります。

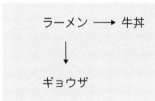

ここから、「牛丼 → ラーメン」は導けません。

B　前提となる2つの命題を論理式にすると、次のようになります。

$$\overline{イヌ} \longrightarrow \overline{ネコ} \quad \cdots ①$$

$$\overline{ハムスター} \longrightarrow ネコ \quad 対偶 \quad \overline{ネコ} \longrightarrow ハムスター \quad \cdots ②$$

①と②をつなげると、「$\overline{イヌ}$ → ハムスター」が導け、この推論は正しいです。

**C** 同様に、論理式をつなげると、次のようになります。

$$野球 ∧ サッカー \longrightarrow テニス \longrightarrow 卓球$$

これより、「野球 ∧ サッカー → 卓球」は導けますが、「野球 ∨ サッカー → 卓球」は導けません。

**D** 前提となる命題を論理式にすると、次のようになります。

$$数学 \longrightarrow \overline{国語} ∧ \overline{英語}$$

これの対偶を作り、ド・モルガンの法則を使って変形すると、次のようになります。

$$\overline{\overline{国語} ∧ \overline{英語}} \longrightarrow \overline{数学} \quad = \quad 国語 ∨ 英語 \longrightarrow \overline{数学}$$

よって、この推論は正しいです。
　ちなみに、この命題は分解が可能ですので、次のように、分解して対偶を作って解くこともできます。

> 「国語 ∧ 英語」の否定は、
> 一度この形にしても OK！
> 直接ド・モルガンの法則を
> 使っちゃっても OK！

$$数学 \longrightarrow \overline{国語} \qquad 数学 \longrightarrow \overline{英語}$$

対偶 $\quad 国語 \longrightarrow \overline{数学} \qquad 英語 \longrightarrow \overline{数学}$

以上より、正しいのはBとDとなり、正解は肢4です。

⇨ 正解4

次の二つの命題から確実にいえるのはどれか。

○　歴史が好きであれば、散歩が好きであるか又は読書が好きである。
○　旅行が好きであれば、散歩が好きでありかつ歴史が好きである。

1.　歴史が好きであれば、旅行が好きである。
2.　読書が好きであれば、旅行が好きでない。
3.　読書が好きでなければ、歴史が好きでない。
4.　散歩が好きでなくかつ読書が好きでなければ、旅行が好きでない。
5.　旅行が好きであれば、散歩が好きでありかつ読書が好きである。

> 本問も、ド・モルガンの法則を使って論理式を変形するよ。少し
> 慣れたかな？

　２つの命題を論理式にすると、次のようになります。

歴史 ⟶ 散歩 ∨ 読書　…①

旅行 ⟶ 散歩 ∧ 歴史　…②

　さらに、②を分解して、①の「歴史」につなげると、次のようになります。

旅行 ⟶ 散歩

歴史 ⟶ 散歩 ∨ 読書

> ①は分解不可能だから、
> このままだよ！

　これより、選択肢を検討します。

**肢1**　「旅行 → 歴史」は導けますが、「歴史 → 旅行」は導けません。

**肢2**　「読書 → $\overline{旅行}$」は導けません。

**肢3**　「$\overline{読書}$ → $\overline{歴史}$」は導けません。

**肢4**　「旅行 → 散歩 ∨ 読書」が導けますので、これの対偶を、ド・モルガン
　　　の法則を使って作ると、次のようになります。

$$\overline{散歩 \lor 読書} \longrightarrow \overline{旅行} \quad = \quad \overline{散歩} \land \overline{読書} \longrightarrow \overline{旅行}$$

よって、確実にいえます。

**肢5** 同様に、「旅行 → 散歩 ∨ 読書」は導けますが、「旅行 → 散歩 ∧ 読書」は導けません。

⇨ **正解 4**

---

**PLAY 9** ベン図を使う問題 　　　　　　　　　　　刑務官 2011

　ある冬の日、バスの乗客を観察していると、次のことが分かった。このとき確実にいえるのはどれか。

　○　マフラーをしている人は、手袋をしている。
　○　ブーツをはいている人は、手袋をしている。
　○　帽子をかぶっている人は、ブーツをはいていない。
　○　マフラーをしている人の中に、帽子をかぶっている人がいる。

1. マフラーをしている人は、ブーツをはいていない。
2. 帽子をかぶっており、かつ、手袋をしている人がいる。
3. 帽子をかぶっている人は、マフラーをしている人の数より少ない。
4. 手袋をしている人の数が最も多い。
5. 手袋をしている人は、マフラーをしているかブーツをはいているかのいずれかである。

条件には特称命題があるから、ベン図（基本事項7）の出番だね。

４番目の命題は特称命題ですから、これを図１のようにベン図に表します。
図の色の付いた部分が「マフラーをして、帽子をか
ぶっている人」で、ここに該当する人がいることを
確認します。

その他の部分には、該当
する人がいるかどうか
は不明だから注意！

図１

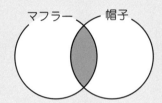

また、３番目の条件より、「ブーツ」は、「帽子」と交わりを持ちませんので、
図２のように離れるように描きます。
　このとき、「ブーツ」と「マフラー」の関係は
不明であり、あらゆる可能性が残っていますので、
一部分交わりを持たせておきます。

関係が不明な時は、この
ように描いておけばOK！

図２

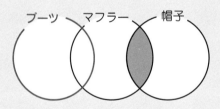

　さらに、１，２番目の条件より、「マフラー」と「ブーツ」はいずれも「手袋」
に含まれますので、これらを包むように「手袋」を書き加えます。
　このとき、「帽子」と「手袋」の関係は不明ですから、一部分交わりを持た
せ、図３のようになります。

162

図3

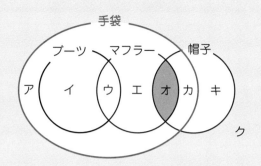

図3のア〜クのうち、4番目の命題で示されたオの部分には、存在する人が確実にいますが、<u>それ以外の部分</u>には確実にいるわけではありません。

これを踏まえて選択肢を検討します。

可能性はあるから、注意してね！

**肢1** ウに該当する人がいる可能性がありますので、確実にはいえません。

**肢2** オに該当する人は、帽子をかぶっており、手袋をしています。この部分には確実に存在する人がいますので、確実にいえます。

**肢3** 帽子をかぶっている人と、マフラーをしている人の人数の比較はできません。

**肢4** ア〜カの合計（手袋をしている人）より、オ〜キの合計（帽子をかぶっている人）のほうが多い可能性があり、確実にはいえません。

**肢5** アやカに該当する人がいる可能性がありますので、確実にはいえません。

⇨ 正解2

　あるクラスで生徒の得意教科について調べたところ、次のア〜エの結果が得られた。このとき、確実に言えるのはどれか。

　　ア　理科が得意な生徒は数学も得意である。
　　イ　社会が得意な生徒は国語は不得意である。
　　ウ　国語が得意な生徒の中には数学も得意な生徒もいる。
　　エ　理科が得意な生徒の中には社会も得意な生徒もいる。

1．社会だけ得意な生徒がいる。
2．理科が得意な生徒は国語は不得意である。
3．社会が得意な生徒は数学は不得意である。
4．国語と数学と理科の3教科が得意な生徒がいる。
5．数学と理科と社会の3教科が得意な生徒がいる。

特称命題が2つもあるね。ベン図はどこから描くかな？

　条件ウ，エは特称命題ですから、ベン図に整理します。まず、条件ウを図1のように表し、色の付いた部分に該当する生徒がいることを確認します。

図1

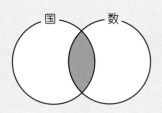

　次に、条件アより、「理科」は、「数学」に含まれますので、図2のように「数学」の中に書き加えます。
　このとき、「理科」と「国語」の関係は不明ですから、一部分交わりを持たせておきます。

図2

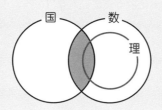

　また、条件イより、「社会」は、「国語」と交わりを持ちませんので、離れるように書き加えます。
　ここで、条件エより、「社会」と「理科」の交わりには、該当する生徒がいることがわかりますので、ここにも色を付けて、図3のようになります。

図3

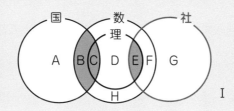

　図3のA〜Iのうち、条件ウが示した「B＋C」の部分と、条件エが示したEの部分には、それぞれ該当する生徒が確実にいますが、その他の部分には確実にいるわけではありません。

B，Cのそれぞれに確実にいるわけではないので注意して！

　これを踏まえて、選択肢を検討します。

**肢1**　Gに該当する生徒がいるかは不明ですから、確実にはいえません。

**肢2**　Cに該当する生徒は「理科が得意で国語が得意」で、このような生徒がいる可能性がありますので、確実にはいえません。

**肢3**　Eに該当する生徒は「社会も数学も得意」で、このような生徒は確実にいますので、誤りです。

**肢4**　「B＋C」の部分には、該当する生徒が確実にいますが、Cに該当する生徒がいるかは不明です。よって、確実にはいえません。

Cにいなくても、Bにいれば、条件ウに反しないからね！

**肢5** Eに該当する生徒は、「数学と理科と社会が得意」で、このような生徒は確実にいます。よって、確実にいえます。

⇨ 正解 5

次の「集合算」でも、ベン図が大活躍するよ！

# #8 集合算

（頻出度 ★★★☆☆）　（重要度 ★★★☆☆）　（コスパ ★★★★☆）

東京都では、ほぼ毎年、教養試験の No.9 に集合算の問題が出題されています。その他の試験でも、集合算の出題頻度はわりと高く、ほとんどの問題がベン図を使って解くことになります。

## PLAY 1　条件をベン図に整理する問題　　　　　　　東京都III類 2014

ある小学校の児童について、ニンジンとピーマンの好き嫌いを調べたところ、次のア〜ウのことが分かった。

　ア　ニンジンを好きな児童は、ピーマンを好きな児童より 19 人多く、そのうち、ニンジンだけを好きな児童は 32 人である。

　イ　ニンジン又はピーマン、あるいは両方を好きな児童は、両方とも嫌いな児童より 4 割多い人数である。

　ウ　ニンジンとピーマンの両方を好きな児童は、両方とも嫌いな児童の半分の人数である。

以上から判断して、ニンジンとピーマンの両方を好きな児童の人数として、正しいのはどれか。ただし、全ての児童はニンジン及びピーマンをそれぞれ好きか嫌いかのいずれかである。

1.　21 人　　　2.　23 人　　　3.　25 人　　　4.　27 人　　　5.　29 人

> ニンジンを好きな児童とピーマンを好きな児童のベン図を描いて条件を入れてみよう。

　条件より、好きか嫌いかのいずれかとありますので、ニンジンとピーマンについて、それぞれを好きな児童の集合をベン図に表すと、次のようになります。

「どちらでもない」という児童はいないってこと！

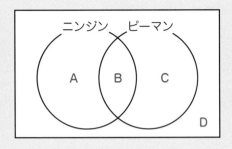

まず、条件アより、Aは32人となりますね。

また、ニンジンを好きな児童は、図のA＋Bで、ピーマンを好きな児童は、B＋Cですから、次のようになります。

$$A + B = B + C + 19$$
$$\therefore A = C + 19$$

ニンジンとピーマンの差は、AとCの差ってことだね！

これより、C＝32－19＝13となります。

さらに、条件ウより、B＝0.5Dがわかりますので、条件イより、A＋B＋C＝1.4Dですから、これに、A＝32，B＝0.5D，C＝13を代入して、次のような方程式を立てます。

$$32 + 0.5D + 13 = 1.4D$$
両辺を10倍して、
$$320 + 5D + 130 = 14D$$
$$-9D = -450$$
$$\therefore D = 50$$

よって、Dは50人となり、Bはその半分の25人で、正解は肢3です。

⇨ 正解3

　あるスタジアムで行われたＡチームとＢチームとのラグビーの試合の観客250人について、応援したチームと持ち物を調べたところ、次のことが分かった。

　ア　観客は全て大人か子供であり、Ａチーム又はＢチームのどちらか１チームを応援した。
　イ　観客は、メガホンかうちわのどちらか一つを持っており、両方を持っている観客はいなかった。
　ウ　Ａチームを応援した観客は 138 人であった。
　エ　メガホンを持っていた観客は 159 人であった。このうちＡチームを応援した大人は 72 人であった。
　オ　うちわを持っていた子供は 11 人であった。
　カ　Ａチームを応援し、うちわを持っていた観客のうち、大人は 37 人であった。
　キ　Ｂチームを応援し、うちわを持っていた観客のうち、大人は子供より36 人多かった。

以上から判断して、観客のうち、Ａチームを応援し、メガホンを持っていた子供の人数として、正しいのはどれか。

1.　17 人　　　2.　19 人　　　3.　21 人　　　4.　23 人　　　5.　25 人

┌─────────────────────────────────────────────┐
│ ３種類の集合をベン図に表すよ。本問は東京都の典型的な問題！ │
└─────────────────────────────────────────────┘

　条件ア、イより、Ａチームを応援した観客（以下「Ａ」）、大人、メガホンを持っていた観客（以下「メガホン」）の集合をベン図で表し、３枚のベン図が互いに交わりを持つよう、図のように描きます。

Ａの外側がＢ、大人の外側が子供、メガホンの外側がうちわだからね。

　まず、条件ウ、エ、カより、Ａは 138 人、メガホンは 159 人、（Ａ，大人，メガホン）は 72 人、（Ａ，大人，うちわ）は 37 人ですから、ここまでを図に記入し、その他の部分を $a \sim f$ とします。

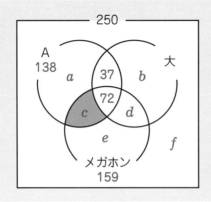

求めるのは $c$ だよ。
チェックしておこう！

また、条件オ，キより、次のように表せます。

オ $a + f = 11$ …①
キ $b = f + 36$ …②

さらに、うちわを持っていた観客の人数は、$250 - 159 = 91$（人）ですから、これについて次のようになります。

$a + b + f + 37 = 91$
①，②を代入して、$11 + (f + 36) + 37 = 91$
$\therefore f = 7$
$f = 7$ を①に代入して、$a + 7 = 11$ $\therefore a = 4$

これより、Aの合計について、次のようになります。

$a + 37 + 72 + c = 138$
$a = 4$ を代入して、$4 + 37 + 72 + c = 138$
$\therefore c = 25$

よって、求める（A，子供，メガホン）は25人とわかり、正解は肢5です。

　あるクラスの学生 40 人が受験した英語，数学，国語の 3 科目のテストの結果について、合格点を取ることができたかどうか調べたところ、次のア〜オのことが分かった。

　ア　英語が合格点だった学生は 23 人であった。
　イ　数学が合格点だった学生は 31 人であった。
　ウ　国語が合格点だった学生は 33 人であった。
　エ　3 科目中 2 科目以上が合格点だった学生は 31 人であった。
　オ　1 科目も合格点を取ることができなかった学生は 4 人であった。

　このとき、3 科目とも合格点を取ることができた学生の人数として、正しいのはどれか。

1.　18 人　　　2.　19 人　　　3.　20 人　　　4.　21 人　　　5.　22 人

本問も 3 種類の集合だけど、別の 3 グループに分けるんだ。ちょっと特殊なパターンだから、解き方を覚えてね。

　それぞれの科目で合格点だった学生のベン図を描き、条件ア，イ，ウ，オを記入し、その他の部分を A 〜 G とします。

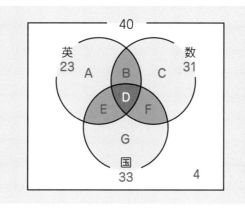

　まず、図より、A 〜 G の合計は 40 − 4 = 36（人）となりますので、一応、次のような式にしておきます。

A ＋ B ＋ C ＋ D ＋ E ＋ F ＋ G = 36　…①

また、条件エより、次のようにわかります。

B＋D＋E＋F＝31　…②

ここで、3つの科目それぞれの合計をすべて足し合わせると、次のようになります。

　　（英語）　　　　　（数学）　　　　　（国語）
（A＋B＋D＋E）＋（B＋C＋D＋F）＋（D＋E＋F＋G）＝23＋31＋33
A＋2B＋C＋3D＋2E＋2F＋G＝87
（A＋C＋G）＋2（B＋E＋F）＋3D＝87　…③

1科目は1回、2科目は2回、3科目は3回足し合わせると、3科目の合計になるわけだね。
同じパターンが時々出ているので、ここは覚えておこう！

①〜③より、次のように求めます。

③－①より、B＋E＋F＋2D＝87－36＝51　…④
④－②より、D＝51－31＝20

よって、3科目とも合格点を取ったのは20人となり、正解は肢3です。

⇨ 正解3

　ある地域で、小学生90人を対象として、水泳教室を月曜日、火曜日、水曜日の計3回実施した。月曜日には30人、火曜日には30人、水曜日には40人が参加した。また、参加回数については、3回とも参加した者は5人、1回だけ参加した者は45人であった。このとき、1回も参加しなかった者は何人か。

1. 20人　　　2. 25人　　　3. 30人　　　4. 35人　　　5. 40人

> PLAY3の類題だよ。ベン図は描かなくてもわかるよね。

　水泳教室に1回以上参加した人の人数を求めて、全体の人数90人から引いて求めます。
　本問も、与えられた条件がPLAY3と同様であることがわかれば、ベン図を描かなくても求められますね。
　条件より、1回だけ参加した人は45人、3回とも参加した人は5人ですから、2回だけ参加した人を$x$人とすると、次のようになります。

$$45 + 2x + 5 \times 3 = 30 + 30 + 40$$
$$45 + 2x + 15 = 100$$
$$2x = 40 \quad \therefore x = 20$$

PLAY3の解説の③の式と同じ意味だとわかるかな?

　これより、2回だけ参加したのは20人となり、1回だけ、2回だけ、3回全部の参加人数を合わせると、45 + 20 + 5 = 70（人）ですから、1回も参加しなかったのは、90 − 70 = 20（人）とわかります。
　よって、正解は肢1です。

⇒ 正解1

あるクラスの 50 人の生徒について、国語が好きな生徒は 42 人、数学が好きな生徒は 36 人、英語が好きな生徒は 35 人、社会が好きな生徒が 41 人いることがわかっている。このとき、4 科目すべて好きな生徒の最少人数として、正しいのはどれか。

1. 3人　　　 2. 4人　　　 3. 5人　　　 4. 6人　　　 5. 7人

最少人数などは数直線を使うとわかりやすいけど、慣れれば数直線を描かなくてもわかるようになるよ。

　まず、国語と数学の両方が好きな生徒の最少人数から考えます。
　国語が好きな生徒は 42 人ですから、好きではない生徒は、50 − 42 = 8（人）です。
　仮に、この 8 人が全員、数学が好きであったとしても、数学が好きな生徒は 36 人いますので、36 − 8 = 28（人）は、両方が好きであることがわかり、これが、国語と数学の最少人数になります。
　すなわち、図 1 の①のように、42 と 36 が交わる最小の長さに当たるわけで、これは、図のような計算で求めることができます。

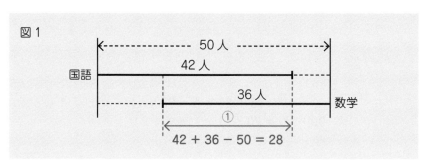

図1

すなわち、国語と数学の人数を足して、全体の人数を 1 回引けばいいわけです。
　次に、英語を加えます。国語と数学の両方を好きな生徒が最少人数である 28 人しかいないとして、これと英語の 35 人が交わる最小の長さを考えると、図 2 の②のようになります。

図2

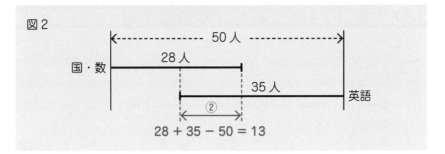

すなわち、①の計算に 35 を加えて、さらに 50 を引けばいいわけです。
　そうすると、②の 13 人が、さらに社会の 41 人と交わる最小の長さは図3
の③のようになり、4 科目すべて好きな生徒の最少人数が計算できます。

図3

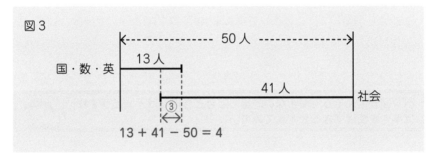

③より、4 人とわかり、正解は肢 2 です。
　ちなみに、①〜③をまとめて計算すると、次のようになります。

$$42 + 36 + 35 + 41 - 50 \times 3 = 4（人）$$

　すなわち、それぞれの科目が好きな生徒の人数
をすべて足し合わせて、全体の人数を 3 回引けば
いいわけです。

2 科目なら 1 回、4 科目
だから 3 回、つまり、科
目数より 1 少ない数。

⟹ 正解 2

　ある高校では、230 人の生徒全員が、書道，美術，音楽のうちいずれか 1 つの科目を選択しており、これら 3 つの科目の選択状況について、次のア〜エのことが分かっている。

　　ア　書道を選択している生徒数は 76 人、美術を選択している生徒数は 70人である。
　　イ　書道を選択している男子の生徒数は、音楽を選択している女子の生徒数と同じである。
　　ウ　美術を選択している男子の生徒数は、男子生徒全体の 3 割である。
　　エ　音楽を選択している男子の生徒数は、音楽を選択している女子の生徒数の 2 倍である。

　以上から判断して、この高校で美術を選択している女子の生徒数として、正しいのはどれか。

1. 34 人　　　2. 36 人　　　3. 38 人　　　4. 40 人　　　5. 42 人

> ベン図が使えそうで使えない問題もときどきあるけど、どうすれば条件を整理できるか考えてみて。

　本問は、3 科目のうちの 1 科目を選択していますので、ベン図に表しても交わる部分がなく、ベン図は有効ではありません。
　また、合計なども考えることから、表に整理することにします。
　まず、条件アより、音楽を選択している生徒数は、230 −（76 ＋ 70）= 84（人）となり、各科目の選択人数（男女計）がわかります。
　また、条件エより、音楽を選択している生徒の男女比は 2：1 なので、84 人を 2：1 に分けて、男子 56 人、女子 28 人とわかり、ここまでを、表 1 のように記入します。

> 2 ＋ 1 ＝ 3 だから、84 を3 等分して 2：1 に分けるんだ。

表1

|  | 男　子 | 女　子 | 計 |
|---|---|---|---|
| 書　道 |  |  | 76 |
| 美　術 |  |  | 70 |
| 音　楽 | 56 | 28 | 84 |
| 計 |  |  | 230 |

そうすると、条件イより、書道を選択している男子も 28 人となります。

ここで、条件ウより、男子で美術を選択しているのは 3 割なので、書道と音楽で 7 割となり、書道と音楽の合計は、28 + 56 = 84（人）ですから、男子の人数は、84 ÷ 0.7 = 120（人）とわかります。

男子の人数 × 0.7 = 84 だからね。

これより、美術を選択している男子は、120 － 84 = 36（人）、また、女子全体の人数は、230 － 120 = 110（人）とわかります。

あとは、書道と美術の男女計から男子の人数を引いて、女子の人数を求め、表 2 のようになります。

表2

|  | 男　子 | 女　子 | 計 |
|---|---|---|---|
| 書　道 | 28 | 48 | 76 |
| 美　術 | 36 | 34 | 70 |
| 音　楽 | 56 | 28 | 84 |
| 計 | 120 | 110 | 230 |

よって、美術を選択している女子は 34 人となり、正解は肢 1 です。

⇨ 正解 1

# #9 真偽

( 頻出度 ★★★☆☆ )　( 重要度 ★★★☆☆ )　( コスパ ★★★☆☆ )

一般に「うそつき問題」ともいわれます。条件にうその発言が含まれるため、きちんと整理して解かないと混乱します。仮定をおいて推理する解法がよく用いられます。

---

**PLAY 1**　仮定をおいて考える問題　　　　　　　　　　　国家III種 2011

　A～Dが次のように言っている。この4人のうち、<u>少なくとも2人</u>が正しいことを言っているとき、正しいことを言っている者のみをすべて挙げているのはどれか。

　A：「Bの言っていることは常に正しい。」
　B：「Cの言っていることは常に正しくない。」
　C：「Dの言っていることは常に正しくない。」
　D：「Aの言っていることは常に正しい。」

1. A，B，C
2. A，B，D
3. A，D
4. B，C
5. C，D

---

真偽の問題は、仮定を検証するのが最も一般的な解法だよ。

　Aの発言が正しいか、正しくないかで、他の3人の発言の真偽につながりますから、これを仮定において、次のように場合分けします。

## （1）Aの発言が正しい場合

　Aの発言よりBの発言も正しいことになります。

　そうすると、Bの発言より、Cの発言は正しくないことになりますので、ここから、<u>Dの発言は正しいことになります</u>。

「Dは正しくない」
がうそになるわけ
だからね！

　さらに、Dの発言より、Aの発言は正しいことになり、矛盾はありません。

　4人の発言の真偽をまとめると、表1のようになり、3人が正しいことを言っていますので、条件を満たします。

表1

| A | B | C | D |
|---|---|---|---|
| ○ | ○ | × | ○ |

## （2）Aの発言が正しくない場合

　Aの発言がうそになりますので、Bの発言は正しくないことになります。

　そうすると、Cの発言は正しいことになりますので、Dの発言は正しくないことになります。

　これより、Dの発言「Aは正しい」はうそになりますので、Aの発言は正しくないことになり、矛盾はありません。

　しかし、この場合、4人の発言の真偽は表2のようになり、少なくとも2人が正しいという条件に反します。

表2

| A | B | C | D |
|---|---|---|---|
| × | × | ○ | × |

　よって、（1）の場合のみ成立し、発言の真偽は表1のように決まりますので、正しいことを言っているのは、A，B，Dとなり、正解は肢2です。

⇨ 正解2

　A，B，C，D，Eの5人のグループがおり、この5人のうち誰がリーダーなのかを各人に尋ねたところ以下のように返答した。本当のことを言っている者は1人だけで、残りの4人は嘘をついていることがわかっているとき、本当のことを言っているのは誰か。

　　A　「CとEはリーダーではない」
　　B　「AとDはリーダーではない」
　　C　「DかEのどちらかだ」
　　D　「BかCのどちらかだ」
　　E　「AとBはリーダーではない」

1．A　　　　2．B　　　　3．C　　　　4．D　　　　5．E

本問も仮定をおいて考えよう！　さて、何を仮定におく？

　「誰がリーダーか」がわかれば、5人の発言の真偽もわかりますので、これを仮定におきます。
　まず、Aがリーダーであると仮定した場合、各人の発言の真偽は次のようになります。

　　　　　A　「CとEはリーダーではない」　→ ○
　　　　　B　「AとDはリーダーではない」　→ ×
　　　　　C　「DかEのどちらかだ」　　　　→ ×
　　　　　D　「BかCのどちらかだ」　　　　→ ×
　　　　　E　「AとBはリーダーではない」　→ ×

　これより、本当のことを言っているのはAのみで、本当のことを言っているのは1人だけという条件を満たし、ここで、肢1が正解とわかります。
　一応、他の4人についても、リーダーと仮定して、5人の発言の真偽を確認すると、次のようになります。

問題文のすぐ横に表を書くと、作業が楽だね！

| リーダーと仮定　→ | A | B | C | D | E |
|---|---|---|---|---|---|
| A「CとEはリーダーではない」 | ○ | ○ | × | ○ | × |
| B「AとDはリーダーではない」 | × | ○ | ○ | × | ○ |
| C「DかEのどちらからだ」 | × | × | × | ○ | ○ |
| D「BかCのどちらかだ」 | × | ○ | ○ | × | × |
| E「AとBはリーダーではない」 | × | × | ○ | ○ | ○ |

表より、B～Eの4人については、条件を満たさないことが確認できます。

⇨ 正解1

## PLAY3　発言の内容から考える問題　　裁判所職員一般職（高卒）2019

　A，B，Cの3人のうち、1人は常に本当のことを言う「正直者」、1人は常にうそを言う「うそつき」、後の1人は本当のこともうそも言う「気まぐれ屋」である。

　A　「私はうそつきではありません」
　B　「私は正直者ではありません」
　C　「Bは気まぐれ屋ではありません」

　3人が上のように発言したとき、正しく言えるのは次のどれか。

1．Aはうそつき
2．Aは正直者
3．Bはうそつき
4．Bは正直者
5．Cは気まぐれ屋

「気まぐれ屋」が出てくるよ。このパターンは最近ときどき出題されているかな。

各人の発言が、正直者，うそつき，気まぐれ屋のいずれのものかを考えます。
　まず、Aの発言については、いずれのものでもおかしくはありませんが、Bに発言についてみると、これが正直者の発言であれば、うそになりますし、うそつきの発言であれば、本当になり、いずれも矛盾します。
　これより、Bは気まぐれ屋とわかりますね。そうすると、Cの発言はうそになりますので、Cはうそつきで、Aが正直者とわかります。
　よって、正解は肢2です。

⇨ 正解2

---

## PLAY 4　2つの発言から考える問題　　　　東京消防庁III類 2008

　A〜Eの5人が柔道のリーグ戦を行った。その結果、引分けがなく同じ順位の者はいなかった。5人は結果について以下の証言を行ったが、全員が証言の前半か後半のどちらかでのみ正しいことを言い、残り半分は間違ったことを言っている。このとき、確実にいえることとして最も妥当なのはどれか。

　　A　「私は4位だった。Dは5位だった。」
　　B　「私は3位だった。Cは5位だった。」
　　C　「私は2位だった。Eは1位だった。」
　　D　「私は3位だった。Aは2位だった。」
　　E　「私は1位だった。Bは4位だった。」


1.　Aは3位であった。
2.　Bは2位であった。
3.　Cは4位であった。
4.　Dは2位であった。
5.　Eは1位であった。

> 片方が〇なら、片方が×という、頻出パターンだよ。

　各人が2つの発言をし、片方が本当、もう片方がうそという、定番の問題です。
　このようなタイプでは、誰かの片方を本当と仮定すると、もう片方がうそになり、他の発言の真偽につながることが期待できます。

ほとんどの問題は、Aの前半でOK！

これより、Aの前半の発言が本当かうそかで、次のように場合分けします。

## （1）Aの前半が本当の場合

Aの後半がうそになり、<u>Aは4位になります</u>から、<u>Dの後半がうそになり</u>、前半が本当になります。

そうすると、Dは3位ですから、Bの前半がうそになり、後半が本当になります。

以下、同様に推理すると、次のようになります。

着順の情報は、きちんと整理していこう！ A＝4位がわかったら、「A」または「4位」を含む発言を探すんだ！

| | | | | |
|---|---|---|---|---|
| A | A＝4位 ○ | D＝5位 × | → | A＝4位 |
| D | D＝3位 ○ | A＝2位 × | → | D＝3位 |
| B | B＝3位 × | C＝5位 ○ | → | C＝5位 |
| C | C＝2位 × | E＝1位 ○ | → | E＝1位 |
| E | E＝1位 ○ | B＝4位 × | | |

A＝4位から、Eの後半×につなげるのもOK！やりかたは1通りじゃないからね！

ここまでで判明した着順より、残るBが2位になりますが、各人の発言と矛盾はありませんので、表1のように成立します。

表1

| 1位 | 2位 | 3位 | 4位 | 5位 |
|---|---|---|---|---|
| E | B | D | A | C |

## （2）Aの前半がうその場合

この場合についても、同様に推理すると、次のようになります。

A　A＝4位　×　　D＝5位　○　　→　D＝5位

B　B＝3位　○　　C＝5位　×　　→　B＝3位

D　D＝3位　×　　A＝2位　○　　→　A＝2位

C　C＝2位　×　　E＝1位　○　　→　E＝1位

E　E＝1位　○　　B＝4位　×

問題文の上に直接○，×
を書き込んでいけばOK！
消しゴムで消せば、また
使えるし！

これより、残るCが4位になり、この場合も矛盾はありませんので、表2のように成立します。

両方とも成立するのは、
わりと珍しいケースかも。

表2

| 1位 | 2位 | 3位 | 4位 | 5位 |
|---|---|---|---|---|
| E | A | B | C | D |

　よって、表1，2のいずれにおいても確実にいえることを選択肢から探すと、正解は肢5となります。

➡ 正解5

A〜Eの5人の大学生は、バスケット部，ラグビー部，サッカー部，野球部，テニス部のいずれかの部に属し、かつ、5人は互いに異なる部に所属している。A〜Eの5人にそれぞれ自分が所属している部と自分以外の1人の所属している部について尋ねたところ、次のとおりに答えた。このとき、A〜Eの5人は、いずれも一方の所属する部については本当のことを言い、もう一方の所属する部についてはうそを言ったとすると、野球部に所属しているのはだれか。

A 「私は野球部に所属しており、Eはラグビー部に所属している。」
B 「私はサッカー部に所属しており、Dはテニス部に所属している。」
C 「私はバスケット部に所属しており、Bはサッカー部に所属している。」
D 「私はテニス部に所属しており、Aは野球部に所属している。」
E 「私はサッカー部に所属しており、Cはバスケット部に所属している。」

1. A　　　2. B　　　3. C　　　4. D　　　5. E

もう1問、PLAY4の類題だよ。

PLAY4と同様に、Aの前半の発言が本当かうそかで場合分けします。

### （1）Aの前半が本当の場合

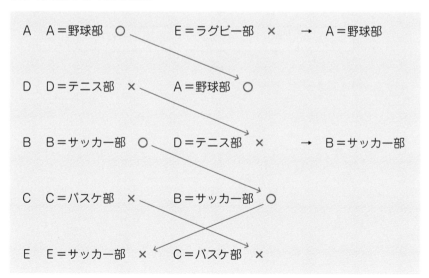

これより、Eの発言がいずれもうそになり、この場合は成立しません。

## (2) Aの前半がうその場合

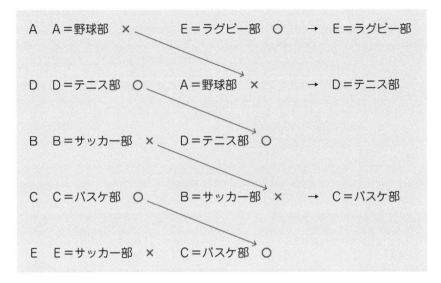

これより、残るAとBは、野球部またはサッカー部ですが、Aの前半とBの前半の発言はうそですから、Aはサッカー部、Bが野球部で、次のように成立します。

| A | B | C | D | E |
|------|------|------|------|------|
| サッカー | 野球 | バスケ | テニス | ラグビー |

よって、野球部はBで、正解は肢2です。

⇨ 正解2

　A～Eの5人が次のように発言したが、このうち、正しい発言は2人だけで、他の3人の発言には誤りがあった。このことから確実にいえるのは次のうちではどれか。

　A：「CとDは知り合いどうしである。」
　B：「私は誰とも知り合いではない。」
　C：「Aの言っていることは正しい。」
　D：「私は、Cとは面識がない。」
　E：「Dの発言は誤っている。」

1. AとCが言ったことは正しい。
2. BとDが言ったことは正しい。
3. CとEが言ったことは正しい。
4. AとDが言ったことは誤りである。
5. BとEが言ったことは誤りである。

> 矛盾（対立）する発言の組合せがあれば、そこから簡単に解ける
> 問題も多いよ。本問は、Eの発言に着目して！

　まず、DとEの発言に着目します。Eは、「Dの発言は誤り」と言っているわけですが、仮に、Dの発言が本当なら、Eの発言は誤りですし、Dの発言が誤りであれば、Eの発言は本当になります。

こういう発言は見逃さないように！

　すなわち、DとEの発言は、片方が○で、片方が×という関係にあります。

　　　　　D＝○ならば、E＝×　　　　D＝×ならば、E＝○

　これより、正しい発言をした2人のうち、1人はDまたはEとなりますので、A～Cの中に正しい発言をしたのは1人だけとわかります。
　次に、AとCの発言に着目します。Cは、「Aの発言は正しい」と言っていますので、Aの発言が正しければ、Cの発言も正しいですし、Aの発言が誤りなら、Cの発言も誤りになります。
　すなわち、AとCの発言は、両方○、または、両方×という関係にあります。

　　　　　A＝○ならば、C＝○　　　　A＝×ならば、C＝×

しかし、A〜Cのうち発言が正しいのは1人だけですから、AとCが2人とも正しいということはなく、2人とも誤りとわかります。

したがって、残るBの発言が正しいことになります。

ここで、各人の発言を確認すると、Aの発言「CとDは知り合い」が誤りになりますので、Dの発言「私とCは面識がない」は正しいことになり、正しい発言をしたのはBとDとなります。

よって、正解は肢2です。

⇨ 正解 2

---

A〜Eの5人の誰か1人がケーキを食べたことがわかっており、A〜Eの5人は、ケーキを食べた者に関して次のように答えた。このとき、ケーキを食べた者として、最も妥当なのはどれか。ただし、5人のうち真実を述べているのは1人だけである。

A 「DかEのいずれかが食べた。」
B 「CかEのいずれかが食べた。」
C 「私は食べていない。Bも食べていない。」
D 「私は食べていない。Cも食べていない。」
E 「AかBのいずれかが食べた。」

1. A　　2. B　　3. C　　4. D　　5. E

---

本問も、発言を組み合わせて考えるとすぐに解けるよ。どの発言に着目するかな？

ケーキを食べたのは、A〜Eのうちの誰か1人ですから、<u>A，B，Eの発言のいずれかは真実</u>になります。

条件より、真実を述べているのは1人だけですから、この3人のうちのいずれかとなり、残るC，Dの発言は真実ではないので、次のようになります。

この3人の発言には、A〜Eが全員入っているからね。

188

Cの発言は×　→　食べたのはCまたはB
Dの発言は×　→　食べたのはDまたはC

これより、**食べたのはC**とわかり、正解は肢3です。

真実を述べているのはBだね。

⇨ 正解3

---

**PLAY 8** 発言の真偽から順序関係を考える問題 　　　警視庁III類 2009

　A，B，C，Dの4人が800m競争をし、その結果について次のように発言している。ただし、Aは必ず正しいことをいい、Bは2回の発言のうち1回だけは正しいことを言い、Cは3回の発言のうち1回だけは正しいことを言い、Dは必ずうそを言う。このことから確実にいえる順位はどれか。

A　私はBより後でゴールインした。
C　私は1着だった。
B　私はDより遅く、AはCより早くゴールインした。
C　私はBより早く、DもBより早くゴールインした。
D　私はCより早くゴールインした。
B　私はCより早く、AはDより後でゴールインした。
C　私はAより早くゴールインした。

|    | 1位 | 2位 | 3位 | 4位 |
|----|-----|-----|-----|-----|
| 1. | B   | A   | C   | D   |
| 2. | B   | C   | A   | D   |
| 3. | B   | C   | D   | A   |
| 4. | C   | B   | A   | D   |
| 5. | C   | B   | D   | A   |

条件は少し変わっているけど、まず、AとDの発言からわかることを整理していこう。

Aの発言は正しく、Dの発言はうそですから、この2人の発言より、次のことがわかります。

Aの発言より、B＞A …①
Dの発言がうそであることより、C＞D …②

また、Bの2回の発言を、それぞれ次のように表します。

1回目　D＞B　A＞C …③
2回目　B＞C　D＞A …④

条件より、③，④のいずれかが正しいわけですが、③が正しい場合、①，③より、次のような順序になります。

①＋③　→　D＞B＞A＞C

しかし、これでは②と矛盾しますので、Bの発言は、1回目がうそで、2回目が正しいとわかります。
よって、②，④より、次のような順序とわかり、①と矛盾しないことも確認できます。

②＋④　→　B＞C＞D＞A

これより、Cの3回の発言を確認すると、次のようになります。

1回目　C＝1着　→×
2回目　C＞B　D＞B　→×
3回目　C＞A　→○

よって、正解は肢3です。

⇨ 正解3

# #10 暗号と規則性

頻出度 ★★★★★　重要度 ★★★★★　コスパ ★★★★★

暗号といっても、その仕組みは大体決まっていますので、まずは一般的な解法をマスターしましょう。ただ、中には手ごわいものもありますので、本番では要注意です！

---

## PLAY 1　かな文字の暗号の問題

警視庁 III 類 2011

　ある暗号を用いると、「海水浴」は「LJ，MK，NI，MK，PD，NJ」と表すことができる。このとき、同じ暗号の法則で「LK，MJ，LE，NH，MC」が表すものとして、正しいのはどれか。

1. 山登り
2. 文化祭
3. 赤とんぼ
4. 彼岸花
5. 秋祭り

> かな文字の暗号は、50音表が便利に使えるかな！

　暗号の問題のほとんどは、かな文字またはアルファベットの各文字を暗号化したものです。

　これより、「海水浴」を、かな文字とアルファベットで表し、文字数を数えると、次のようになります。

> かな文字　→　かいすいよく　→　6文字
> アルファベット　→　K A I S U I Y O K U　→　10文字

　これを表す暗号は、アルファベット2文字の組合せが6個ですから、かな文字に対応していると推測できます。

すなわち、次のようになります。

```
LJ  MK  NI  MK  PD  NJ
か   い   す   い   よ   く
```

かな文字の暗号の多くは、50音表に対応しており、「あいうえお」という「段」と、「あかさたな…」という「行」の組合せで示されます。

これより、本問の暗号であるアルファベット2文字を、片方が「段」で、片方が「行」を表すと推測し、50音表の「かいすいよく」の各文字の場所に、それぞれの暗号を記入すると、表1のようになります。

表1

|     | あ | か | さ | た | な | は | ま | や | ら | わ | ん |
|-----|----|----|----|----|----|----|----|----|----|----|----|
| あ  |    | LJ |    |    |    |    |    |    |    |    |    |
| い  | MK |    |    |    |    |    |    |    |    |    |    |
| う  |    | NJ | NI |    |    |    |    |    |    |    |    |
| え  |    |    |    |    |    |    |    |    |    |    |    |
| お  |    |    |    |    |    |    |    | PD |    |    |    |

表1より、規則性を考えると、同じ「う段」である「く」と「す」、同じ「か行」である「か」と「く」に次のような共通点があることがわかります。

```
く → NJ    す → NI    ⇒ 「N」が共通
か → LJ    く → NJ    ⇒ 「J」が共通
```

これより、前の文字が「段」、後の文字が「行」と推測でき、表1にある文字から、「段」については次のようにわかります。

```
あ段 → L    い段 → M    う段 → N    お段 → P
```

アルファベットの並びから、「N」と「P」の間は「O」ですから、これが「え段」とわかります。

また、「行」について、同様に次のようになります。

| あ行 → K | か行 → J | さ行 → I | や行 → D |
| --- | --- | --- | --- |

「あ，か，さ」を表す「K，J，I」はアルファベット逆順の並びであること、表の後ろから4行目である「や行」が「D」であることから、後ろから順に「A，B，C，D，…」と仮定して表に当てはめると、表2のように確認できます。

表2

|  |  | あ | か | さ | た | な | は | ま | や | ら | わ | ん |
|---|---|---|---|---|---|---|---|---|---|---|---|---|
|  |  | K | J | I | H | G | F | E | D | C | B | A |
| あ | L | L |  | LJ |  |  |  |  |  |  |  |  |
| い | M | M | MK |  |  |  |  |  |  |  |  |  |
| う | N | N |  | NJ | NI |  |  |  |  |  |  |  |
| え | O | O |  |  |  |  |  |  |  |  |  |  |
| お | P | P |  |  |  |  |  |  | PD |  |  |  |

これより、与えられた暗号を読み取ると、次のようになります。

| LK | MJ | LE | NH | MC |
| --- | --- | --- | --- | --- |
| あ | き | ま | つ | り |

よって、正解は肢5です。

⇨ 正解5

　時刻を利用したある暗号で、「いまろくじよんぷん」が「2：40，8：50，10：10，3：30，4：45，9：10，12：00，7：36，12：00」と表されるとき、同じ法則で「7：56，12：00，5：55，6：10，7：30，10：30，4：50，5：10」と表される言葉から連想される言葉として、最も妥当なのはどれか。

1. イギリス
2. スペイン
3. 中国
4. 日本
5. フランス

**濁点や半濁点のある文字に対応する暗号に注意して！**

　与えられた例文は、かな文字 9 文字で、これを表す暗号も 9 個の時刻ですから、1 文字が 1 つの時刻に対応していると推測できます。
　すなわち、次のようになります。

| 2:40 | 8:50 | 10:10 | 3:30 | 4:45 | 9:10 | 12:00 | 7:36 | 12:00 |
|------|------|-------|------|------|------|-------|------|-------|
| い | ま | ろ | く | じ | よ | ん | ぷ | ん |

　これより、50 音表の各文字の場所に暗号を記入します。濁点や半濁点がありますが、とりあえず、これを無視して記入すると、表 1 のようになります。

「゛」や「゜」のこと！

表 1

|   | あ | か | さ | た | な | は | ま | や | ら | わ | ん |
|---|----|----|----|----|----|----|------|------|-------|------|-------|
| あ |    |    |    |    |    |    | 8:50 |      |       |      | 12:00 |
| い | 2:40 |  | 4:45 |  |    |    |      |      |       |      |       |
| う |    | 3:30 |  |   |    | 7:36 |   |      |       |      |       |
| え |    |    |    |    |    |    |      |      |       |      |       |
| お |    |    |    |    |    |    |      | 9:10 | 10:10 |      |       |

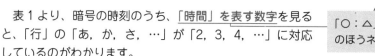

　表1より、暗号の時刻のうち、「時間」を表す数字を見ると、「行」の「あ，か，さ，…」が「2，3，4，…」に対応しているのがわかります。

「○：△」の○のほうネ！

　そうすると、「分」を表す数字が「段」を表すと推測でき、同じ「お段」の「よ」と「ろ」がともに「10分」であることから、「お段」は「10分」と考えられます。

　しかし、「い段」や「う段」については、「分」を表す数字が少し異なりますが、「4：45」は「じ」、「7：36」は「ぷ」ですから、濁点はプラス5分、半濁点はプラス6分で表されていると推測できます。

表1は、濁点と半濁点を無視して記入したんだよね！

　また、「ん」については、表では「あ段」にありますが、これは例外で「00分」と扱われていると考えると、「段」と「行」を表す暗号は、表2のように確認できます。

表2

| | | あ | か | さ | た | な | は | ま | や | ら | わ | ん |
|---|---|---|---|---|---|---|---|---|---|---|---|---|
| | | 2時 | 3時 | 4時 | 5時 | 6時 | 7時 | 8時 | 9時 | 10時 | 11時 | 12時 |
| あ | 50分 | | | | | | | 8:50 | | | | 12:00 |
| い | 40分 | 2:40 | | 4:45 | | | | | | | | |
| う | 30分 | | 3:30 | | | | 7:36 | | | | | |
| え | 20分 | | | | | | | | | | | |
| お | 10分 | | | | | | | | 9:10 | 10:10 | | |

　これより、与えられた暗号を読み取ると、次のようになります。

| 7:56 | 12:00 | 5:55 | 6:10 | 7:30 | 10:30 | 4:50 | 5:10 |
|---|---|---|---|---|---|---|---|
| ぱ | ん | だ | の | ふ | る | さ | と |

　すなわち、「パンダのふる里」となり、肢3の「中国」が正解です。

⇨ 正解3

　ある暗号で「江戸」が「d5，14」、「通貨」が「21，13，43」で表されるとき、同じ暗号の法則で「12，34，00，b3」と表されるのはどれか。

1.「寛永」　　　2.「元禄」　　　3.「文政」　　　4.「天保」　　　5.「安政」

対応する文字のルールがちょっと変わっている。柔軟な発想が必要かな！

　例文の暗号は「えど」の2文字と、「つうか」の3文字に対応すると考えられ、そのまま対応させると次のようになります。

　　　　d5　　14　　　　　　21　　13　　43
　　　　え　　ど　　　　　　つ　　う　　か

　しかし、これでは、同じ「あ行」の「え」と「う」を表す暗号に共通点がなく、また、同じ「う段」の「つ」と「う」を表す暗号にも共通点がありませんので、規則性がよくわかりませんね。
　ここで、1つだけアルファベットの「d」があることに着目し、1文字だけ濁点の付いた「ど」と関係があるのではと推測して、それぞれの文字を逆に対応させると次のようになります。

　　　　d5　　14　　　　　　21　　13　　43
　　　　ど　　え　　　　　　か　　う　　つ

　これであれば、「あ行」の「え」と「う」はともに、数字の十の位が「1」で、「う段」の「う」と「つ」はともに、一の位が「3」という共通点がありますので、「ど」以外の4文字に対応する暗号を50音表に記入すると次のようになります。

196

|  | あ | か | さ | た | な | は | ま | や | ら | わ | ん |
|---|---|---|---|---|---|---|---|---|---|---|---|
| あ |  | 21 |  |  |  |  |  |  |  |  |  |
| い |  |  |  |  |  |  |  |  |  |  |  |
| う | 13 |  |  | 43 |  |  |  |  |  |  |  |
| え | 14 |  |  |  |  |  |  |  |  |  |  |  |
| お |  |  |  |  |  |  |  |  |  |  |  |  |

　これより、暗号の数字は、一の位が段を表し、「あいうえお」→「１２３４５」、十の位が行を表し、「あかさ…」→「１２３…」と対応するとわかります。

　では、ここから、与えられた暗号について考えます。

　暗号の最初の２つは、「１２」→「い」、「３４」→「せ」と読み取れますので、この暗号で表される４文字は「○○せい」となり、肢３の「ぶんせい」、肢５の「あんせい」のいずれかとなります。

文字は逆に対応することを忘れないでね！

　しかし、「あ」は暗号で「１１」と表されるはずですから、肢３の「ぶんせい」のほうとわかり、「００」→「ん」、「ｂ３」→「ぶ」を表すとわかります。

「ｄ」は「だ行」、「ｂ」は「ば行」を表していたわけだ！

　よって、正解は肢３です。

⇨ 正解３

　ある規則に従うと、「霞ヶ浦」は「3717535741332917575117」と表される。この規則に従うと、「和歌山」を表すものはどれか。

1.「37174317671761117」
2.「43173717651741117」
3.「55173717651741117」
4.「61173717651741117」
5.「65174117291755117」

とりあえず、アルファベット26文字を13文字ずつ2列に並べて、暗号を書き入れてみよう！

　「霞ヶ浦」を表す暗号は、数字22個です。かな文字「かすみがうら」は6文字、アルファベット「KASUMIGAURA」は11文字ですから、文字数で「22」を割り切れる、アルファベットの暗号と推測できます。

　これより、数字2個とアルファベット1文字を対応させると、次のようになります。

「A」が3つあるけど、どれも「17」だから、これで大丈夫みたいだね!?

| 37 | 17 | 53 | 57 | 41 | 33 | 29 | 17 | 57 | 51 | 17 |
|---|---|---|---|---|---|---|---|---|---|---|
| K | A | S | U | M | I | G | A | U | R | A |

　ここで、アルファベット26文字を並べて、対応する数字を記入すると、次のようになります。

| A | B | C | D | E | F | G | H | I | J | K | L | M |
|---|---|---|---|---|---|---|---|---|---|---|---|---|
| 17 | | | | | | 29 | | 33 | | 37 | | 41 |

| N | O | P | Q | R | S | T | U | V | W | X | Y | Z |
|---|---|---|---|---|---|---|---|---|---|---|---|---|
| | | | | 51 | 53 | | 57 | | | | | |

　「R，S」が「51，53」であることなどから、奇数が順に並んでいると推測でき、残る部分に数字を当てはめると、次のようになります。

| A | B | C | D | E | F | G | H | I | J | K | L | M |
|---|---|---|---|---|---|---|---|---|---|---|---|---|
| 17 | 19 | 21 | 23 | 25 | 27 | 29 | 31 | 33 | 35 | 37 | 39 | 41 |

| N | O | P | Q | R | S | T | U | V | W | X | Y | Z |
|---|---|---|---|---|---|---|---|---|---|---|---|---|
| 43 | 45 | 47 | 49 | 51 | 53 | 55 | 57 | 59 | 61 | 63 | 65 | 67 |

これより、「和歌山」の「WAKAYAMA」に対応する数字を確認すると、次のようになります。

| W | A | K | A | Y | A | M | A |
|---|---|---|---|---|---|---|---|
| 61 | 17 | 37 | 17 | 65 | 17 | 41 | 17 |

1文字目で正解がわかるね!

よって、正解は肢4です。

⇨ 正解 4

---

## PLAY **5**　アルファベットの暗号の問題　　特別区Ⅲ類 2011

ある暗号で「ヒラメ」が「±0+1　−1+1　±0−1　−2+2　±0±0　+2+2」、「コイ」が「−2±0　+2±0　−1+1」で表されるとき、同じ暗号の法則で「−1+1　±0−2　−2+2　−1−1　−1+1」と表されるのはどれか。

1.「イサキ」
2.「イワシ」
3.「ウナギ」
4.「サンマ」
5.「マグロ」

本問の暗号は、2組の数字でできているから、表を使うと便利かも。

与えられた例文の文字数から、アルファベットの暗号と推測でき、次のように対応していると考えられます。

| ±0+1 | −1+1 | ±0−1 | −2+2 | ±0±0 | +2+2 |
|------|------|------|------|------|------|
| H | I | R | A | M | E |

| −2±0 | +2±0 | −1+1 |
|------|------|------|
| K | O | I |

　本問の暗号は、2個の数字からできており、いずれも−2〜+2の範囲の数字であることかわかります。

とりあえず、例文にある数字だけだけどね。

　すなわち、「−2、−1、±0、+1、+2」の5つの数字2個の組合せで構成されていますが、このように、アルファベットの暗号でも、2つのものの組合せで表されている場合は、50音表と同じような表が役に立つ場合が多いです。
　では、5つの数字で5×5の表を作成し、対応するアルファベットを記入すると、表1のようになります。

表1

|   | −2 | −1 | ±0 | +1 | +2 |
|---|----|----|----|----|----|
| −2 |   |   | K |   | A |
| −1 |   |   |   | I |   |
| ±0 |   | R | M | H |   |
| +1 |   |   |   |   |   |
| +2 |   |   | O |   | E |

↑　　　↑　　　↑
③　　　②　　　①

前の数字を縦列に、後の数字を横列に取った表だよ！

　表1の①の列では、上から下へ「A〜E」と推測できます。しかし、②の列の「H→I」を見ると、この列は下から上にアルファベットが並ぶと推測でき、③では再び上から下へ並んでいると考えられます。
　これより、空いている部分にアルファベットを埋めていくと、表2のようになります。

表2

|  | −2 | −1 | ±0 | +1 | +2 |
|---|---|---|---|---|---|
| −2 | U | T | K | J | A |
| −1 | V | S | L | I | B |
| ±0 | W | R | M | H | C |
| +1 | X | Q | N | G | D |
| +2 | Y | P | O | F | E |

「Z」はないけど、
25文字で十分で
しょ!?
よく出題されてい
るタイプだからね!

表2より、与えられた暗号を読み取ると、次のようになります。

```
   −1+1    ±0−2    −2+2    −1−1    −1+1
    I       W       A       S       I
```

よって、「イワシ」となり、正解は肢2です。

➡ 正解2

　ある規則に従うと、「2●3」は11、「3●5」は23，「4●2●1」は29となる。この規則に従うと、「3●4●5」はいくつになるか。

1. 119　　　2. 149　　　3. 194　　　4. 223　　　5. 322

与えられた数字になる計算の仕組みを考えてみよう。

　まず、「2●3」について、「2」と「3」をどうにかしてできる数字には、次のようなものが考えられます。

$$2+3=5 \quad 2-3=-1 \quad 2 \times 3=6 \quad 2 \div 3=\frac{2}{3} \quad 2^3=8$$

ここで、「11」に結びつくのは、和の「5」と、積の「6」を足したものですので、このように推測し、「3●5」について検証すると、次のようになります。

「3●5」　→　(3 + 5) + (3 × 5) = 8 + 15 = 23

　これについては、推測は正しいようです。
　では、同様に、「4●2●1」について、3つの数字の和と積を足すと、次のようになります。

「4●2●1」　→　(4 + 2 + 1) + (4 × 2 × 1) = 7 + 8 = 15

　これについては、計算の仕組みは異なるようです。
　では、前から順に2段階に分けて計算してみると、次のようになります。

「4●2」　→　(4 + 2) + (4 × 2) = 6 + 8 = 14
「14●1」　→　(14 + 1) + (14 × 1) = 15 + 14 = 29

　これより、3つ以上の場合は、前から1組ずつ計算するシステムと判断できます。
　それでは、同様のシステムで、「3●4●5」を計算すると、次のようになります。

「3●4」　→　(3 + 4) + (3 × 4) = 7 + 12 = 19
「19●5」　→　(19 + 5) + (19 × 5) = 24 + 95 = 119

　よって、「119」となり、正解は肢1です。

⇨ 正解 1

　円周上に配置された 7 個のボタンがあり、各ボタンは 1 回押すごとに ON,
OFF が切り替わる。いま、隣り合う 3 個のボタンを同時に押すことを 1 回の
操作とし、以降、時計回りに、押すボタンを 1 個ずつずらしながら、この操作
を行い続ける。例えば、ボタンが ON, OFF の状態をそれぞれ●, ○で表すこ
ととすると、この操作は次のように表せる。

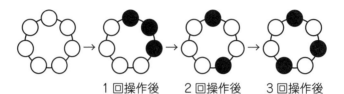

1 回操作後　　　2 回操作後　　　3 回操作後

　最初、すべてのボタンが OFF の状態から始めるとすると、2009 回操作後、
ON の状態のボタンは全部で何個あるか。

1. 0 個　　　2. 2 個　　　3. 3 個　　　4. 4 個　　　5. 7 個

> 4 回目から先も描いてみよう！ 規則性の問題は、手を動かした
> ほうが早いということが多いよ。

　3 回操作後の図まで与えられていますので、その
続きを確認すると、次のようになります。

理屈で考えるより、やっ
てみたほうが早い！

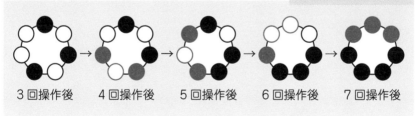

3 回操作後　　4 回操作後　　5 回操作後　　6 回操作後　　7 回操作後

　これより、7 回の操作後にはすべて ON になりますので、この状態からさら
に 7 回の操作後には、再びすべて OFF になるとわかります。
　すなわち、14 回で 1 サイクルとなりますので、2009 回の操作後は、これ
を 14 で割って計算すると、2009 = 14 × 143 + 7 となり、このサイクルを
143 回繰り返した後の 7 回目の操作後となります。

よって、図の「7回操作後」と同じ状態となり、ONの状態のボタンは7個で、正解は肢5です。

⇨ 正解5

**アドバイス**

　こういう問題は、「2009回やってみろ！」なんて無理なことを要求するはずはないので、必ず何らかの規則性に基づいているはず！

　その規則性で、もっとも単純でよく出題されるのが、この「循環」のシステムなわけね！

　だから、とにかく、戻る（規則性が見つかる）まで、手を動かして調べてみることが大事！

# ＃11 操作・手順

（頻出度 ★☆☆☆☆）（重要度 ★★☆☆☆）（コスパ ★★★★☆）

てんびんの操作や移動の手順を考える問題で、古典的なものから応用問題まで幅広く出題されています。解法を覚えれば簡単に解ける問題も多いので、コスパが高い分野です。

## 基本事項

>>> ニセガネ問題

　同じものがいくつかの中に、1つだけ重さの異なる偽物があるとき、上皿てんびんを使って偽物を見つけるための最少必要回数を考えます。

　たとえば、いま、見た目が全く同じ金貨が何枚かあり、1枚だけ<u>他より軽い偽物</u>が紛れ込んでいるとします。

「重い」でも.OK！ 重いか軽いかわかっていることが必要！

　金貨が全部で3枚までであれば、図1のような1回の操作で、偽物を見つけることができます。

図1

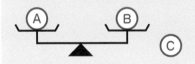

つり合わない場合
A＜B　→　偽物はA
A＞B　→　偽物はB
つり合った場合
A＝B　→　偽物はC

偽物が重いなら、重くなった方だよ！

　また、4枚以上の場合は、<u>1回の操作では確実に見つけることはできません</u>が、9枚までなら2回の操作で見つけることができます。

偶然見つかった場合は、考えないこと！

　まず、1回目は、<u>3枚以下のグループ3つまでに分けて</u>、2つを上皿てんびんに載せます。

　上皿てんびんに載せるのは、必ず同じ枚数のグループで、たとえば、8枚の場合、

9枚なら、(3, 3, 3)、8枚なら(3, 3, 2)に分ける。6枚なら、(2, 2, 2)でも、(3, 3, 0)でもOK！

図２のようにてんびんに載せれば、ここで、偽物がどのグループの中にあるかがわかります。

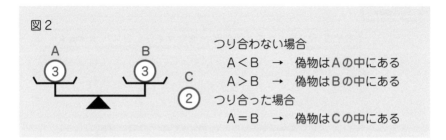

図２

つり合わない場合
A＜B　→　偽物はAの中にある
A＞B　→　偽物はBの中にある
つり合った場合
A＝B　→　偽物はCの中にある

　たとえば、偽物がAの３枚の中にあるなら、その３枚を取り出して、もう一度、図１のように操作すれば、２回目で確実にその偽物を見つけることができます。

　また、10枚以上の場合は、２回の操作で確実に見つけることはできませんが、27枚までなら、9枚以下のグループ３つまでに分け、１回目の操作で同じように、偽物がどのグループの中にあるかを調べれば、9枚以下に絞ることができきますので、あとは前述の２回の操作で見つけることができます。

　以下、同じように考えると、全体の枚数Nに対して、最少必要回数は次のような法則になります。

$N = \quad \sim 3 \quad \Rightarrow \quad 1$ 回
$N = \quad 4 \sim 9 \quad \Rightarrow \quad 2$ 回
$N = 10 \sim 27 \quad \Rightarrow \quad 3$ 回
$N = 28 \sim 81 \quad \Rightarrow \quad 4$ 回
$N = \quad \sim 3^a \quad \Rightarrow \quad a$ 回

3枚までは1回、$3^2$枚までは2回、$3^3$枚までは3回……だから、$3^a$枚までは$a$回という法則だね！

　外観が全く同等のボールが35個あり、その中の1個だけが他のボールより軽いことがわかっている。天秤ばかり一台を使って軽いボールを確実に見つけ出すとき、天秤ばかりを使用する最少回数として、最も妥当なのはどれか。ただし、34個のボールは全て同じ重さであり、偶然わかった場合は最少回数としないものとする。

1.　2回　　　　2.　3回　　　　3.　4回　　　　4.　5回　　　　5.　6回

基本事項にある法則がわかっていれば、本問は秒殺！

　1個だけが他より「軽い」とわかっていますので、「基本事項」で確認した法則が使えます。
　そうすると、35個は、「28～81」の範囲にありますので、4回の操作で見つけ出すことができます。
　たとえば、次のような手順です。

## 1回目

　35個を、A 12個、B 12個、C 11個に分け、AとBを上皿てんびんで比較すると、次のようにわかります。

> A＜B　⇒　軽いボールはAに含まれる
> A＞B　⇒　軽いボールはBに含まれる
> A＝B　⇒　軽いボールはCに含まれる

## 2回目

　軽いボールが含まれている12個（Cの場合は11個）を、D 4個、E 4個、F 4個（Cの場合は3個）に分け、DとEを同様に比較すると、次のようになります。

> D＜E　⇒　軽いボールはDに含まれる
> D＞E　⇒　軽いボールはEに含まれる
> D＝E　⇒　軽いボールはFに含まれる

　ここで、軽いボールが含まれているグループが4個の場合は次のようにします。

3回目　⇒　2個ずつに分けて、てんびんで比較する
　　　↓
4回目　⇒　軽くなったほうの2個を、もう1度てんびんで比較する

また、3個の場合は、次のように、3回目で終了します。

3回目　⇒　2個を比較する
　　　　　つり合わない場合　→　軽いほう
　　　　　つり合った場合　　→　残る1個

よって、正解は肢3です。

 正解3

ニセガネ問題の法則を応用して解く問題　　　警視庁III類 2019

　大きさと形、色が全く同じコインが72枚あり、その中の1枚だけが偽物で他のコインと重さが異なる。天秤ばかり1台を使って偽物1枚を確実に見つけ出すとき、天秤ばかりを使用する最少の回数として、最も妥当なのはどれか。ただし、偶然わかった場合は最少の回数としないものとする。

1. 3回　　　2. 4回　　　3. 5回　　　4. 6回　　　5. 7回

本問は、法則をそのまま使うことはできないけど、ちょっと違うだけだからね。

　本問は、「重さが異なる」というだけで、本物より重いか軽いかは示されていませんね。そうすると、「基本事項」で確認した法則をそのまま使うことはできませんが、重いか軽いかがわかっていれば、72個は「28～81」の範囲ですから4回の操作で見つけ出せます。
　では、偽物が本物より重いか軽いかを調べることにします。まず、1回目の操作ですが、とりあえず、72個を24個ずつの3グループA～Cに分け、AとBを上皿てんびんに載せると、次のようにわかります。

## (1) AとBがつり合った場合

AとBは偽物を含んでいませんので、**偽物はCに含まれているとわかります。**

ここで、2回目の操作として、CとA（BでもOK）を上皿てんびんに載せると、次のようにわかります。

> A＜C ⇒ 偽物は重い
> A＞C ⇒ 偽物は軽い

> Cは偽物を含んでいるので、Aとつり合うことはないよ！

これで、Cに含まれる偽物は重いか軽いかわかりましたので、**法則が使える**ようになりました。

あとは、法則に従ってCの24個から偽物を見つける操作ですが、24個は「8〜27」の範囲にありますから、**あと3回の操作で見つけることができ**、この場合の最少必要回数は5回となります。

## (2) AとBがつり合わなかった場合

仮に、A＞Bとします。偽物はこのいずれかに入っており、それが重いならA、軽いならBに入っているとわかります。また、**Cは偽物を含んでいないこともわかりますね。**

ここで、2回目の操作として、A（BでもOK）とCを上皿てんびんに載せると、次のようにわかります。

> A＝C ⇒ 偽物はBに入っていて軽い
> A＞C ⇒ 偽物はAに入っていて重い

> Aに偽物がある場合、偽物は重いので、A＜Cとなることはないよ！

ここで、（1）と同様に、偽物が重いか軽いかがわかりましたので、その偽物を含むほうの24個から、**あと3回の操作で見つけることができ**、この場合の最少必要回数も5回となります。

よって、最少必要回数は5回で、正解は肢3です。

⇒ 正解3

N 個の中に偽物が１個で、それが本物より重いか軽いかが、わかっている場合とわかっていない場合で操作の方法は違ってくるね。

　わかっている場合は法則が使えるけど、本問のようにわかっていない場合は、重いか軽いかを調べる操作（本問の解説の２回目の操作）が必要になるので、法則の回数にプラス１回というケースが多いんだ。ただ、個数（N）によっては、わかっていない場合でもわかっている場合と同じ回数で見つけられることもある。でも、そういう特殊なケースが出題されることは稀だから、そんなに心配しなくていいかな。

## PLAY3　操作の結果から考える問題　　　　　警視庁Ⅲ類 2011

　Ａ～Ｅの５つの球があり、その中に１つだけ重さの異なる球がある。次のア～ウの操作の結果から、重さの異なる球とその軽重について、確実にいえるものはどれか。

　ア　ＡＢをてんびんの左側にのせ、ＣＤを右側にのせたら、右側が下がった。
　イ　ＡＣをてんびんの左側にのせ、ＢＤを右側にのせたら、右側が下がった。
　ウ　ＢＣをてんびんの左側にのせ、ＡＥを右側にのせたら、左側が下がった。

1.　Ａが軽い
2.　Ｂが重い
3.　Ｃが重い
4.　Ｄが重い
5.　Ｅが軽い

本問も偽物を見つける操作だけど、法則の出番はなし！　与えられた操作の結果から考えてみて！

まずは、ア～ウの操作の結果を、次のように式にします。

```
ア    A  B  <  C  D
イ    A  C  <  B  D
ウ    B  C  >  A  E
```

アの操作より、重さの異なる球（以下「偽球」とします）として、次のように考えられます。

AまたはBが軽い  …①
CまたはDが重い  …②

これより、<u>残るEは偽球ではありません。</u>

次に、イの操作についてみると、アの操作に対して、BとCが入れ替わっているのがわかります。

ここで、もし、偽球がBであるとすると、①より、イの操作ではBを含む右側が軽くなるはずです。

しかし、イの操作でも右側は重くなっていますので、Bは偽球ではありません。

また、同様に、Cが偽球とすると、②より、イの操作では左側が重くなるはずですので、Cも偽球ではありません。

ここまでで、偽球は次の2つに絞られました。

Aが軽い  …①´
Dが重い  …②´

さらに、ウの操作についてみると、左右いずれにもDはありませんが、てんびんはつり合っていませんので、D以外の中に偽球があることになり、Dは偽球ではありません。

また、Aを含む右側は軽くなっていますので、偽球はAで、軽いことがわかり、正解は肢1です。

Eが偽球なら、A B とCDは本物どうしでつり合うはずだからね！

⇨ 正解1

　大人３人、子ども３人が大型船から島へボートを使って上陸することになった。大型船から島までの距離は 40 m で、ボートの定員は、大人１人、又は子ども２人であり、ボートを動かすためには、必ず誰かが漕（こ）がなければならない。このボートを使って、6 人全員が島に上陸するには、ボートを最少何 m 漕がなければならないか。

1. 200 m      2. 360 m      3. 440 m      4. 520 m      5. 600 m

---

本問は定番問題。ボートを大型船に戻すのは誰の役目かな？

---

　大型船から島までの間を何回か移動することになりますので、その回数を数えて、片道 40 m で距離を算出します。

　ボートは誰かが漕がなければならないので、大型船から島へ移動した後、また、誰かが漕いでボートを戻さないと、次の人が移動できません。

　そうすると、大人は１人しか乗れませんので、最初に大人が移動したところで、その人が漕いで戻るしかなく、無駄な動きにしかなりません。

> 移動回数の問題は、無駄な動きをしないことが大切！

　したがって、最初に移動するのは子ども２人で、1人は島に残り、もう１人がボートを漕いで戻ることになります。

　そうすると、次に大人が移動して、島に残っていた子どもがボートを戻せば、大人１人の移動が完了します。

　すなわち、次のように、片道を１回とすると、4 回の移動が必要になります。

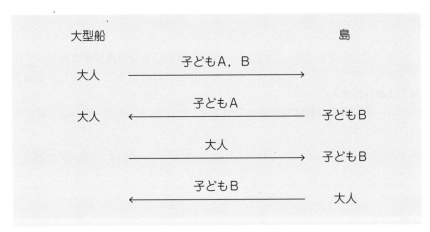

大人が移動するには、この手順を繰り返すしかありませんので、<u>4 × 3 ＝ 12（回）で、大人 3 人の移動が完了します。</u>

この時点で、子どもはみんな大型船に戻っているね！

　そうすると、次は子ども 3 人ですが、まず、2 人が移動し、1 人がボートを戻し、さらに、2 人が移動して完了します。

　すなわち、次のように、3 回の移動で終わりになります。

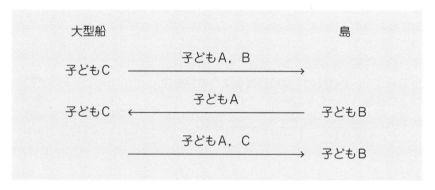

　以上より、全部で、12 ＋ 3 ＝ 15（回）の移動をすることになり、移動距離は、40 × 15 ＝ 600（m）とわかります。

　よって、正解は肢 5 です。

⇨ 正解 5

---

## PLAY 5　移動の手順を考える問題　　　　　特別区Ⅲ類 2019

　A〜Cの 3 本の棒が板の上に立てられており、Aの棒には中央に穴の開いた大きさの異なる 3 枚の円盤が下から大きい順に積み重ねられている。次のア、イのルールに従って、この 3 枚の円盤を全てCの棒に移すには、最低何回の移動が必要か。

　ア　円盤は 1 回に 1 枚だけ他の 2 本の棒のいずれかに移し替えることとする。
　イ　小さい円盤の上に大きい円盤を重ねることはできない。

1．5 回　　　2．6 回　　　3．7 回　　　4．8 回　　　5．11 回

「ハノイの塔」という有名な問題。ネットで検索したら、わかりやすい動画が見られるかも。

一般に、「ハノイの塔」と呼ばれる問題で、移し替えの手順は決まっていますから、覚えてしまいましょう。

Aに積み重ねられている3枚の円盤を、大きい順に、円盤大、円盤中、円盤小とします。

1回目に移動するのは、一番上の円盤小ですね。まず、これをCに移します。2回目は円盤中を移動しますが、条件イより、円盤小の上には重ねられませんので、これをBに移します。この時点で、Bには円盤中、Cには円盤小がありますので、いずれにも円盤大を移動することはできません。

最後に全部Cに移し替えるように移動するけど、BとCの区別はないので、どっちでもOK！

これより、3回目は、Cの円盤小をBの円盤中の上に移動して、Cを空けることにします。ここまで3回の移動で、図1のように、円盤小と円盤中をBに移動することができましたね。

円盤の枚数が2枚なら、この「3回」で完了だね。

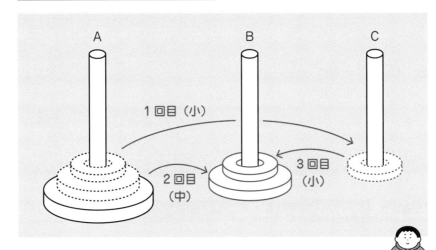

ここで、4回目に円盤大をCに移動します。

そうすると、あとは、Bにある円盤小と円盤中を、Cの円盤大の上に移動するのですが、その手順は最初の3回と同じように移動すればいいので、全部で7回の移動で3枚ともCに移すことができます。

7回の手順をまとめると、次のようになりますね。

3枚なら、「7回」とわかったので、もし、4枚なら、8回目に4枚目を移して、その上に3枚を移動するのにあと7回で、計15回だね。
ちなみに、$n$枚の移動には「$2^n - 1$（回）」という公式があるけど、具体的な手順を覚えたほうが忘れないかな！

| | A | B | C |
|---|---|---|---|
| 最　初 | 大　中　小 | | |
| 1回目 | 大　中 | | 小 |
| 2回目 | 大 | 中 | 小 |
| 3回目 | 大 | 中　小 | |
| 4回目 | | 中　小 | 大 |
| 5回目 | 小 | 中 | 大 |
| 6回目 | 小 | | 大　中 |
| 7回目 | | | 大　中　小 |

よって、正解は肢3です。

⇨ 正解 3

　水がたくさん入った大きな水槽と、9ℓと5ℓの空の容器がそれぞれ1つずつある。これらを用いて、9ℓの容器にちょうど8ℓの水を入れることにする。水をくんだり移し替えたりする操作の最も少ない回数として、正しいものはどれか。ただし、操作は次のア～ウのいずれかで、すべて1回と数えるものとする。

　ア　どちらか一方の容器で、大きな水槽から水をくむ。
　イ　どちらか一方の容器から、他方の容器に水を移し替える。
　ウ　どちらか一方の容器から、大きな水槽に水を移し替える。

1. 4回　　　2. 5回　　　3. 6回　　　4. 7回　　　5. 8回

本問も、「油分け算」という定番の問題だよ。ここはルールを覚えてね。

「油分け算」と呼ばれる、昔からある問題で、移し替えには、次のようなルールがあります。

① 容量の大きいほうから小さいほうへと順に移し替える。
② 一度あった状態に戻る操作はパスする。

本問では、容量の大きい順に、水槽 → 9ℓ容器 → 5ℓ容器ですから、この順で移し替えを繰り返します。

まず、水槽から9ℓ容器に水をくみます。次に、9ℓ容器から5ℓ容器に水を移し替えます。

この時点で、9ℓ容器には水が4ℓ残っていることになります。

大 → 中 → 小 → 大 → 中 → 小 → …と、繰り返すんだ！

水槽からくむのも、移し替えるのも、容器いっぱいまで入れるんだよ！

次に、5ℓ容器の水を水槽に戻します。そして、再び、水槽から9ℓ容器へと水をくむ順番になりますが、そうすると、（9ℓ容器，5ℓ容器）＝（9，0）となり、これは、1回目の操作の後の状態と同じになります。

このように、過去に一度あった状態に戻ると、そこからまた、同じことを繰り返すことになりますので、この操作はパスします。

そして、次は、9ℓ容器に残っている4ℓの水を5ℓ容器に移し替えます。さらに、次は、5ℓ容器の水を水槽に戻す順番になりますが、これでは、最初の状態に戻ってしまいますので、この操作もパスします。

次に、水槽から9ℓ容器に水をくみ、そこから5ℓ容器に水を移し替えますが、5ℓ容器には既に4ℓの水が入っていますので、あと1ℓだけ移すことになり、これで、9ℓ容器に水が8ℓ残ることになります。

ミッション成功だね！

以上をまとめると、次のようになります。

| | 水槽（大）→9ℓ容器（中） → | 5ℓ容器（小） |
|---|---|---|
| 1回目（大→中） | 9 | 0 |
| 2回目（中→小） | 4 | 5 |
| 3回目（小→大） | 4 | 0 |
| （大→中） | 1回目の後と同じになるのでパス | |
| 4回目（中→小） | 0 | 4 |
| （小→大） | 最初の状態に戻るのでパス | |
| 5回目（大→中） | 9 | 4 |
| 6回目（中→小） | 8 | 5 |

よって、6回の操作で完了することなり、正解は肢3です。

正解3

ゲームの必勝法を考える問題　　　　　刑務官 2011

次は、おはじきを使ったゲームに関する記述である。ア，イに入る数の組合せとして正しいのはどれか。

袋の中におはじきが50個あって、AとBの2人が交互に袋の中から1回に1個から5個までの間の個数のおはじきを取っていき、最後のおはじきを取った方を勝ちとする。

もし、Aから先に取り始めるとすると、Aが必ず勝つためには、Aは始めに　　ア　　個を取り、次回からはBが取った数と合わせると　　イ　　になる数だけ取っていけばよい。

|   | ア | イ |
|---|---|---|
| 1. | 1 | 5 |
| 2. | 2 | 6 |
| 3. | 3 | 7 |
| 4. | 4 | 7 |
| 5. | 5 | 6 |

条件次第で、先手は必ず勝てる！　本問もルールを覚えて！

本問の場合、先手には必勝法がありますので、これを覚えてください。

まず、全部で50個のおはじきを、「6」で割ります。「6」というのは、本問で取ることができる「1個から5個」の「1」と「5」を足した値です。

50を6で割ると、商は8、余り2ですから、50 = 6 × 8 + 2となり、これを図1のように表します。

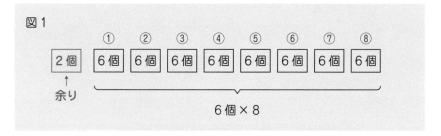

図1

ここで、図1のおはじきを、左から順にA→B→A→…と取っていくことにします。

まず、先手のAは、最初に余りの「2個」を取ります。次に、Bが、①の「6個」のうち、たとえば3個を取ったら、その後Aは、①の残りの3個を取ります。

以下、②、③…と同様に、Bが取った残りをAが取っていけば、図2のように、⑧の最後のおはじきは、Aが取ることができます。

Bが1個取ったら、Aは5個、Bが4個取ったら、Aは2個というように、Aは①を取りきるようにするんだ！

図2

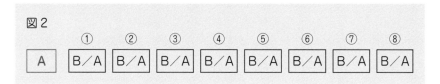

すなわち、1＋5＝6（個）というのは、Bが1〜5個のどの個数を取っても、Aが残りを取りきることができる個数であり、この「6個」のグループに分けることで、Aの勝ちパターンに持ち込むことができるわけです。

よって、本問のアには「2」、イには「6」が入り、正解は肢2です。

ここで、先手の必勝ルールを、次のようにまとめておきます。

全部でN個のものを、$a$個から$b$個の範囲で取り、最後の1個を取ったら勝ち
① Nを（$a+b$）で割った余りを最初に取る
② 後手の取った個数と合わせて（$a+b$）になるように取っていく

ちなみに、「最後の1個を取ったら負け」というルールであれば、先手は最後に1個を残すようにします。

つまり、図3のように分けて、同様に取っていけば、⑧を取り切ったところで、Bに最後の1個を取らせることができます。

図３

| | ① | ② | ③ | ④ | ⑤ | ⑥ | ⑦ | ⑧ | |
|---|---|---|---|---|---|---|---|---|---|
| １個 | ６個 | ６個 | ６個 | ６個 | ６個 | ６個 | ６個 | ６個 | １個 |

いずれの場合も、先手は最初の「余り」に当たる個数を取ってしまえば勝つことができますが、**「余り」がない場合**は、①から取り始めることになり、後手と立場が逆転しますので、後手が勝つことになります。

**正解２**

## PLAY 8 条件から操作手順を考える問題

警視庁Ⅲ類 2008

金メダル２枚が入っている箱、銀メダル２枚が入っている箱、金メダル１枚と銀メダル１枚が入っている箱がそれぞれ１箱ずつある。箱にはそれぞれ「金メダル」，「銀メダル」，「金メダルと銀メダル」の表示がしてあるが、どの箱も表示と中身が一致していない。箱の中をのぞくことなく、どの箱に何色のメダルが入っているかを当てたい。最低何枚のメダルを取り出せばよいか。

1. １枚　　2. ２枚　　3. ３枚　　4. ４枚　　5. ５枚

**まず、それぞれの箱から１枚取り出したときのことを考えてみよう！**

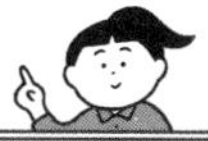

条件より、**どの箱も表示と中身が一致していない**わけですから、たとえば、「金メダル」の表示の箱の中身は、「銀メダル２枚」または「金銀１枚ずつ」のいずれかとなります。

そうすると、「金メダル」の表示の箱を選んで、ここから１枚を取り出したとき、それが銀メダルであった場合、中身はどちらかわかりません。「銀メダル」の表示の箱でも同様です。

金メダルだったら、「金銀１枚ずつ」とわかるけど、運が良ければの話だから、確実ではないよね！

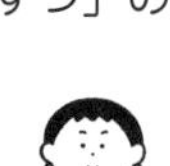

しかし、**「金メダルと銀メダル」**の表示の箱の中身は、**「金メダル２枚」**または**「銀メダル２枚」**のいずれかですから、ここから１枚を取り出せば、その箱の中身は確実にわかります。

たとえば、それが金メダルだとすると、その箱の中身は「金メダル2枚」となり、これを表1のように表します。

表1

|  | 表示 | 中身 |
|---|---|---|
| ① | 金メダル |  |
| ② | 銀メダル |  |
| ③ | 金メダルと銀メダル | 金メダル2枚 |

この場合、①と②は、「銀メダル2枚」または「金銀1枚ずつ」のいずれかですが、表示と中身は異なるので、「銀メダル2枚」は②ではなく①に、「金銀1枚ずつ」は②とわかり、表2のようになります。

表2

|  | 表示 | 中身 |
|---|---|---|
| ① | 金メダル | 銀メダル2枚 |
| ② | 銀メダル | 金銀1枚ずつ |
| ③ | 金メダルと銀メダル | 金メダル2枚 |

また、③の箱から最初に取り出したのが、銀メダルであった場合は、その箱の中身は「銀メダル2枚」となり、「金メダル2枚」は①ではなく②に、「金銀1枚ずつ」は①とわかり、表3のようになります。

表3

|  | 表示 | 中身 |
|---|---|---|
| ① | 金メダル | 金銀1枚ずつ |
| ② | 銀メダル | 金メダル2枚 |
| ③ | 金メダルと銀メダル | 銀メダル2枚 |

以上より、「金メダルと銀メダル」の箱から1枚取り出せば、すべての箱の中身を当てることができ、正解は肢1となります。

⇨ 正解1

異なる数が書かれた複数枚のカードを、左から数の小さい順に並べ替えようとするとき2枚ずつ比較する方法がある。カードが2枚の場合の例を図で示すと、Aの位置とBの位置に置かれたカードを比較してBの位置に書かれた数の方が小さい場合には、カードの位置を取り替え、新たにAの位置に、小さい数が書かれたカードがくる。もともとBの方が大きい数の場合には、交換は行わない。

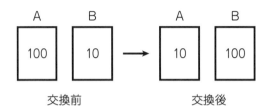

交換前          交換後

いま、図のように、A, B, Cの位置に、異なる数値が書かれたカードが1枚ずつ置かれている。これらを順次、2枚ずつ比較する作業を繰り返し、左から数の小さい順にカードが並ぶようにしたい。並べ替えの方法として、手順の異なるア, イ, ウの3種類を考える。手順①, ②, ③のように進めた場合、確実に並べ替えができるもののみをすべて挙げているのはどれか。

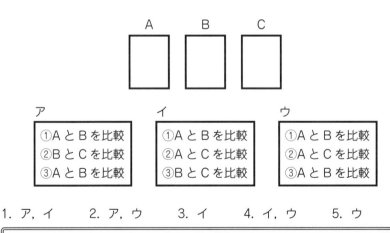

1. ア, イ     2. ア, ウ     3. イ     4. イ, ウ     5. ウ

ア〜ウのそれぞれの操作で、確実に並び替えができるか考えてみて。

ア〜ウのそれぞれについて、確実に並べ替えができるかを検討します。

**アの操作の場合**

①，②で、AとBのカードを比べて、大きいほうをBに、さらにそれとCを比べて大きいほうをCに置き、ここで、Cに最大のカードが来ることになります。

> この時点で、AとBの大小はわからないよ！

残るAとBのカードについて、③で、A＜Bにすると、ここで、A＜B＜Cの並びに確実になります。

よって、アの操作では、確実に並び替えができます。

> 肢1と肢2に絞られたね！

**イの操作の場合**

①，②で、AとBの小さいほうをAに、さらにそのAとCを比べて、小さいほうをAに置き、ここで、Aに最小のカードが来ることになります。

残るBとCのカードについて、③で、B＜Cにすると、やはり、ここで、A＜B＜Cの並びに確実になります。

よって、イの操作では、確実に並び替えができます。

> 肢1に決まったね！

**ウの操作の場合**

イの場合と同様に、①，②で、Aに最小のカードが来ますが、BとCの大小はこの時点では確定していません。

ここで、③で、AとBを比べても、A＜Bは確定していますので変化はなく、BとCの大小は不明のままで、確実にA＜B＜Cの並びになるとは限りません。

よって、ウの操作では、確実な並び替えはできません。

以上より、確実に並び替えができるのは、アとイで、正解は肢1です。

⇨ 正解1

# #12 パズル問題

頻出度 ★★★★★　重要度 ★★★★☆　コスパ ★★★☆☆

型紙を並べたり、折り紙の形状を考えたりという、図形の基本的な構造を考える問題です。中には、想像力を要するものもありますが、コツをつかめば解ける問題のほうが多いです。

---

**PLAY 1**　図形を並び替える問題　　　　　　　　刑務官 2009

　長方形を右図のように五つの部分に切り離し、重ならないように並べ替えたときにあり得る図形として正しいのはどれか。

1.

2.

3.

4.

5.
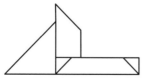

長方形を切り離したそれぞれの図形が、選択肢の図形のどの部分に当たるか考えてみて。

図1のように、A～Eとします。AとCは同じ図形と見ていいでしょう。
それぞれの図形の辺の長さなどを確認しながら、選択肢を検討します。

図1

肢1　A～Eの配置は、図2のように考えられます。
　　しかし、DとEの接する辺（ア）は、元の図の該当する辺を確認すると、
図3のようになり、長さが一致しないことがわかります。
　　また、AとCの三角形の大きさも、元の図と比べると明らかに小さいです。
　　よって、肢1の図形はあり得ません。

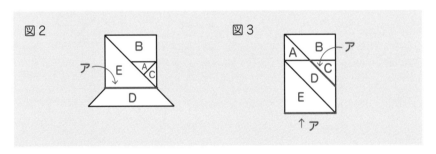

図2　　　　　　　　　　　　　　　　図3

肢2　同様に、図4のような配置になります。
　　辺の長さや形を確認すると、特におかしいところはなく、このような図
形はあり得ます。

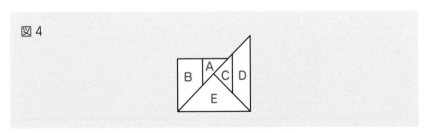

図4

肢3　同様に、図5のような配置になります。
　　元の図で、DとEが接する辺は、図のイの辺となりますが、長さが一致
していません。

よって、肢3の図形もあり得ません。

図5

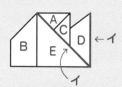

**肢4** 同様に、図6のような配置になります。元の図で、Dのウの辺の長さは、Eのエの辺の長さの半分に当たりますが、ここでは、オの辺の半分の長さとなっています。

　よって、肢4の図形もあり得ません。

図6

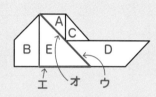

**肢5** 同様に、図7のような配置になります。

　元の図で、CとDが接する辺は、図のカの辺となりますが、長さが一致していません。

　また、AとCの大きさも元の図より小さいです。

　よって、肢5の図形もあり得ません。

図7

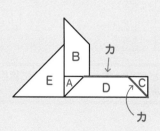

⇨ **正解2**

　下に示す図形A〜Cは、それぞれ一辺の長さ a の正方形を組み合わせたものである。図形A〜Cを、すき間なく、かつ、重ねることなく組み合わせてできる図形として、妥当なのはどれか。ただし、図形A〜Cを、回転させることはできるが、裏返すことはできない。

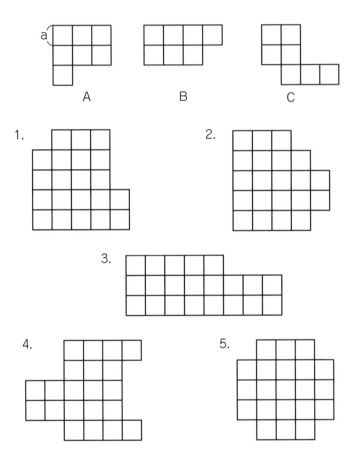

選択肢それぞれの図形に、A～Cを敷き詰めてみます。

それぞれ特徴的な部分に着目して、A～Cのどの部分で埋められるか考えましょう。

**肢1**　図1のアの部分を埋める図形を考えると、BとCが、それぞれ図の①、②のように可能であることがわかります。

さらに、①、②について、図の○の部分を埋める図形を考えますが、<u>いずれも残った図形では不可能</u>ですから、肢1のような図形はできません。

> ②は、Aを裏返しにすればOKだけど、条件的にNGだね!?

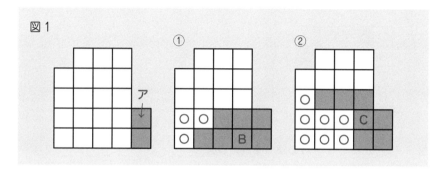

図1

**肢2**　同様に、図2のイの部分を埋める図形を考えると、A～Cのそれぞれについて、図の①～③のように置くことができます。

しかし、①、②の場合、○の部分に、他の図形では埋められないすき間ができます。

また、③の場合、Cの下の部分は、Aを図のように置いて埋めることになりますが、やはり、○の部分にすき間ができます。

よって、肢2のような図形はできません。

図2

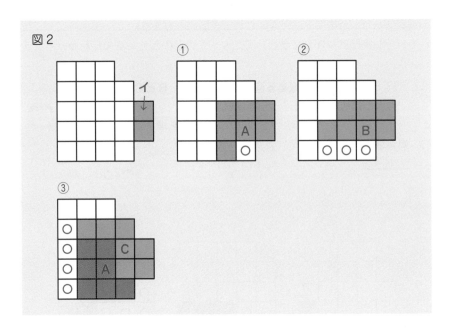

**肢3** 同様に、図3の**ウ**の部分を埋める図形を考えると、Bを図のように置く
方法しかありません。
　しかし、図の○の部分を埋める図形がありませんので、肢3のような図
形もできません。

図3

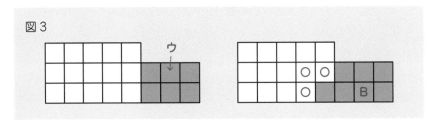

**肢4** 同様に、図4の**エ**と**オ**の部分を埋める図形を考えると、BとAを図のよ
うに置く方法しかありません。
　しかし、残る部分にCを置くことはできませんので、肢4の図形もでき
ません。

図4

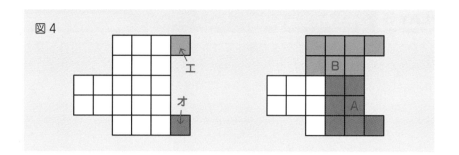

**肢5** 上下左右対称な図形ですので、適当な部分から敷き詰めていきましょう。

たとえば、図5の①のようにBを置き、○の部分を埋める図形を探します。

そうすると、②のようにAを置き、残った部分にCを置くと、すき間なく埋められることがわかります。

よって、肢5のような図形はできます。

図5

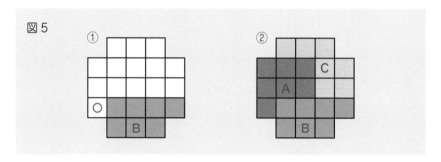

⇨ 正解5

下の図Ⅰは、4つの正方形を点線部でつなぎ合せてできた図形である。図Ⅰを5枚の型紙に切り離したあとで、1枚だけ裏返した。裏返した型紙はどれか。

図Ⅰ

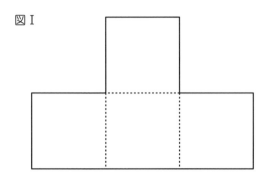

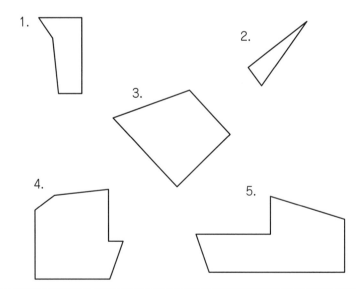

まずは、大きい図形や形のヘンな図形をどこに入れるか考えてみよう。

選択肢の型紙を、元の図形に当てはめていきます。

置く場所が限定される、すなわち、融通の利かなそうな肢5の型紙に着目し、これを最初に入れてみることにします。

まず、縦に入れるには、図1，2の2通りがありますが、それぞれ、ア，イのようなすき間ができます。

アについては、図のように肢2の型紙で補うことができますが、そうすると、ウの部分を埋める適当な型紙がありません。

また、イのすき間はどの型紙も埋められませんので、このような置き方はできません。

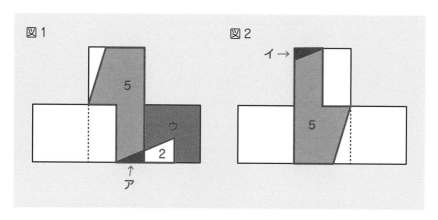

図1　図2

したがって、肢5の型紙は横に置くことになり、すき間のできないよう、図3のように右下に詰めて置いてみます。

そうすると、図の右上のすき間は、肢2の型紙が、左側の部分は肢3の型紙が、いずれも裏返しにすることによって、ちょうど当てはまるのがわかります。

図3

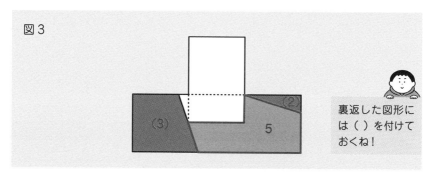

裏返した図形には（ ）を付けておくね！

しかし、条件では、裏返しにしたのは1枚だけですから、肢2と3をともに裏返しにはできません。

そうすると、反対に、肢 5 を裏返しにして置いてみると、図 4 のように、図 3 を左右反転した図ができることがわかります。

図 4

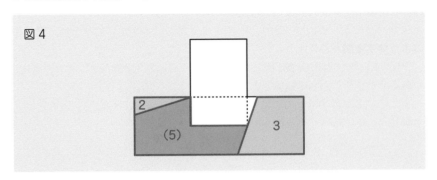

　これより、図 4 の空いているスペースに、残る肢 1 と肢 4 の型紙を当てはめると、図 5 のように、元の図形が完成します。

図 5

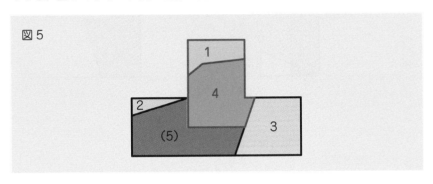

　よって、裏返しにしたのは肢 5 となります。

下図の中にある三角形の数として、正しいのはどれか。

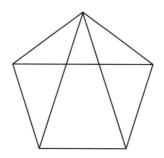

1. 8　　　2. 9　　　3. 10　　　4. 11　　　5. 12

ただ数えるだけなんだけど、けっこうミスが起こりやすい問題。
基準を決めて、重複や数えもれのないようにね

　図形の個数を数える問題は、基準を設けて、重複や数えもれのないよう丁寧
に数えることが大切です。
　まず、図1のように、それぞれの部分をア〜カとし、これらの1個、または
2個以上でできる三角形の個数を数えます。

図1

### ①ア〜カのどれか1個でできている三角形
　ア，イ，ウ，エ，カの5個があります。

### ②ア〜カのうち2個でできている三角形
　図2のように、（ア，イ）（イ，ウ）（ア，エ）（イ，オ）（ウ，カ）の5個が
あります。

図2

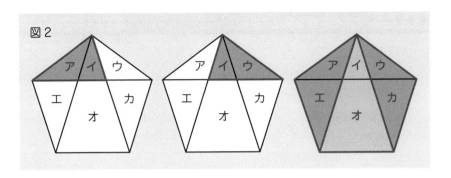

③ア～カのうち3個でできている三角形

図3のように、(ア, イ, ウ)の1個です。

図3

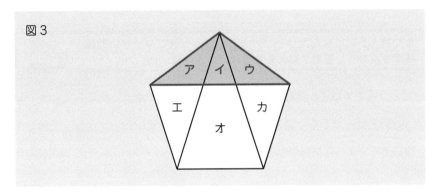

4個以上でできている三角形はありませんので、全部で、5 + 5 + 1 = 11
(個)となり、正解は肢4です。

⇨ 正解 4

次の図は、同じ大きさの正三角形を12個組合せてできる図形であるが、この図に含まれる四角形の数はどれか。ただし、大きさの異なる四角形もすべて数えるものとする。

1. 48 　　　2. 51 　　　3. 54 　　　4. 57 　　　5. 60

正三角形を組み合わせてできる四角形の個数を数えるよ。四角形の向きにも注意してね。

正三角形を組み合わせてできる四角形は、平行四辺形または台形になりますので、それぞれについて、正三角形の個数を基準に数えていきます。

まず、平行四辺形は、正三角形を偶数個組み合わせてできますので、最少の2個から順に数えます。

### ①正三角形2個でできる平行四辺形

図1のア〜ウのように、3通りの形（向き）の平行四辺形が4個ずつあり、合計12個となります。

ア　　　　　　　イ　　　　　　　ウ

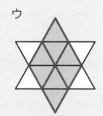

②**正三角形4個でできる平行四辺形**

　①のアの平行四辺形2個を組み合わせると、図2のように4個の平行四辺形ができます。<u>イ、ウについても同様に4個ずつ</u>できますので、合計12個となります。

互いに重複していないか、確認してね！

図2

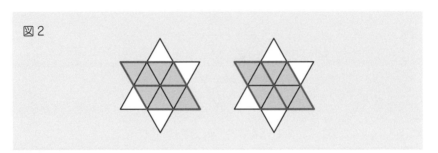

③**正三角形8個でできる平行四辺形**

　正三角形6個でできる平行四辺形は、図中にはありませんので、次は8個でできる平行四辺形を数えます。

　①と同様に、3通りの向きがあり、図3の3個となります。

図3

　平行四辺形については、これより大きいものはありませんので、①～③を合計して、12 + 12 + 3 = 27（個）となります。

　次に、台形について、正三角形3個でできるものから順に数えます。

④**正三角形3個でできる台形**

　図4のように、頂点A～Fを取ります。Aを上にした大きな正三角形ACEに着目すると、その中に、図のような向きの台形が3個あることがわかります。

図4

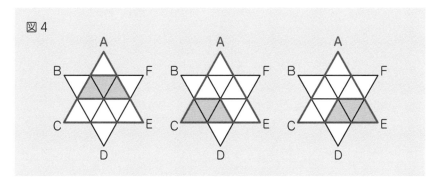

　同様に、B〜Fを上にしてできる大きな正三角形のそれぞれについても、同様に3個ずつの台形があることがわかり、合計3×6＝18（個）となります。

## ⑤正三角形5個でできる台形
　④で基準とした大きな正三角形について見ると、図5のように、Aを上にした正三角形に、図のような向きの台形が1個あります。
　同様に、B〜Fを上にした正三角形にも1個ずつあり、合計6個となります。

図5

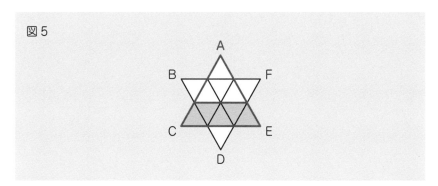

## ⑥正三角形8個でできる台形
　正三角形7個でできる台形はありませんが、<u>8個でできる台形</u>がありますので見落とさないようにしましょう。

④と⑤が合体した形になるよ！

　④, ⑤と同様に、大きな正三角形について見ると、図6のように、Aを上とした正三角形に、図のような向きの台形が1個あり、B〜Fについても同様で、合計6個となります。

図6

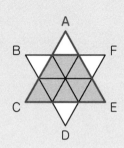

台形についても、これより大きいものはありませんので、④〜⑥を合計して、18 + 6 + 6 = 30（個）となります。

これより、四角形の数は、全部で 27 + 30 = 57 となり、正解は肢 4 です。

一辺が 4cm の正方形で 1cm 四方のマス目が入り、図
のような透明な部分と不透明な部分から成る同じ模様
のアクリル板が 3 枚ある。このアクリル板をそれぞれ
任意に回転したものを、四隅を合わせて 3 枚重ねたと
きにできる模様として最も妥当なのは、次のうちでは
どれか。
　ただし、アクリル板は裏返さないものとする。

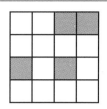

□：透明な部分
■：不透明な部分

1. 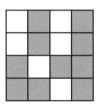　　2. 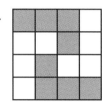　　3.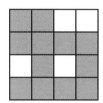

4. 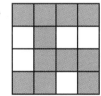　　5.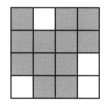

不透明な部分を見ながら選択肢を消去していこう！　こういう問
題は、描いてみようとか思っちゃダメ！

　図 1 のように、不透明な部分を A〜D とし、マス目の位置を①〜⑯とします。

図 1

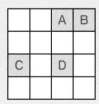

| ① | ② | ③ | ④ |
|---|---|---|---|
| ⑤ | ⑥ | ⑦ | ⑧ |
| ⑨ | ⑩ | ⑪ | ⑫ |
| ⑬ | ⑭ | ⑮ | ⑯ |

これより、アクリル板を回転したときのA〜Dの位置として可能性がある部分を考え、選択肢と照合していきます。

まず、Bに着目すると、これは回転しても四隅（①、④、⑬、⑯）のいずれかの位置になりますね。そうすると、3枚重ねたところで、四隅で不透明になるのは最大で3か所ですから、四隅がすべて不透明になることはありません。ここで、肢4は消去できますね。

四隅とか、ど真ん中とかわかりやすいところから見ていこう！

次に、Dに着目すると、これが回転して来る位置は、中央の4か所（⑥、⑦、⑩、⑪）のいずれかですから、ここも不透明になるのは最大で3か所です。よって、4か所すべてが不透明になっている肢5が消去できます。

2枚以上重なっている場合もあるからね。

次に、Aの位置について考えます。AはBと組み合わせると、（A，B）＝（③，④）（⑫，⑯）（⑭，⑬）（⑤，①）のいずれかで、2つ並んで不透明になるはずです。しかし、肢1を見ると、図2のように、④が不透明なのに、③は透明になっており、このような図はあり得ません。同様に、肢2についても、図3のように、①、⑯が不透明なのに、⑤、⑫は透明になっており、このような図もあり得ません。よって、肢1，2は消去できます。

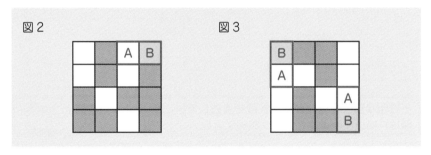

残る肢3については、与えられた図を、図4のように回転して重ねた図として妥当とわかります。

図4

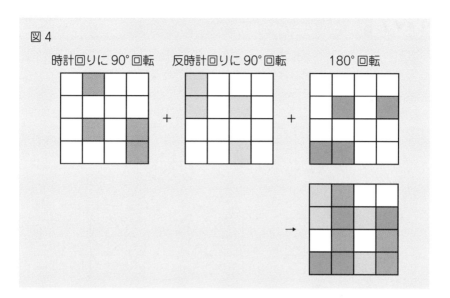

時計回りに90°回転 　反時計回りに90°回転 　　　180°回転

よって、正解は肢3です。

透明なプラスチック板に描かれた次の図のＡ，Ｂのような図形を裏返さずに回転することを許して重ね合わせて得ることができる図はどれか。

本問も、選択肢の図形のダメな所を見つけて消去していこう！

　Ａ，Ｂとも、小さな正方形９個に分割できるのは同じですから、斜めの線（対角線）の描かれ方を確認していきます。

　まず、Ａの斜めの線を見ると、図１のように斜めの長方形になる線（ア）と、長い対角線（イ）に分けられ、この２つがクロスするような格好になっているのがわかります。

図1

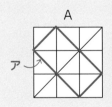
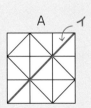

　これに当たる線を、選択肢の図形で確認すると、それぞれアに当たる長方形は１つに決まり、いずれも、Ａを 90°回転させた向きになっているのがわかります。

これに合わせてイの位置を確認すると、図2のようになり、肢2についてはイに該当する線が不足しているのがわかります。

図の点線部分が足りないね！

図2

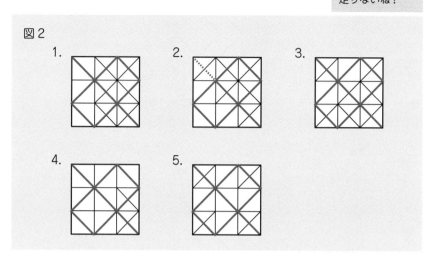

肢2を除く図形については、AはOKなので、残る斜めの線がBと合致するか、それぞれ確認します。

**肢1** この図に残る斜めの線は、図3の色の付いた線のようになり、これは、Bの図の色の付いた線と合致するのがわかります。

図3

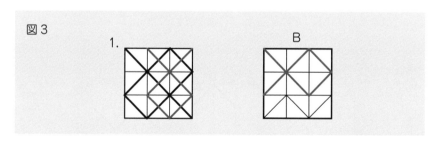

　そうすると、肢1の図のBの部分は、図4のようになり、このような図を得ることはできます。

図4

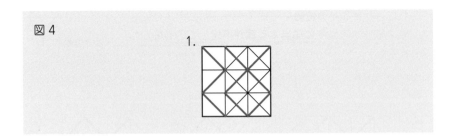

1.

肢3　この図に残る斜めの線には、図5の**ウのような長い対角線**がありますが、Bにこのような線はなく、この図を得ることはできません。

図5

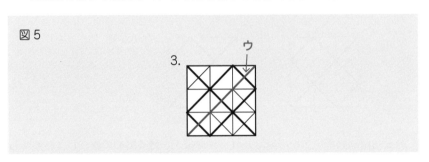

3.

ウ

肢4　この図に残る斜めの線は、図6の色の付いた2本だけで、これに該当するのはBのエの部分になります。

　　　しかし、これに対して、Bのオで示した線に該当するものが、肢4の図にはなく、この図も得ることはできません。

図6

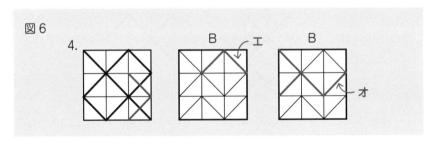

4.

B　エ

B

オ

肢5　この図に残る斜めの線は、図7の色の付いた4本で、4隅に同じ方向の対角線が描かれています。

　　　しかし、Bにはこのような線はなく、この図も得ることはできません。

図7

5.

⇨ 正解 1

パズル問題は消去法でなんとか
なりそうだな！

　図のように、正方形の紙を点線部分で 4 回折り、できた三角形の網掛け部分を切り取って除いた。残った部分を開いたときの形として最も妥当なのはどれか。

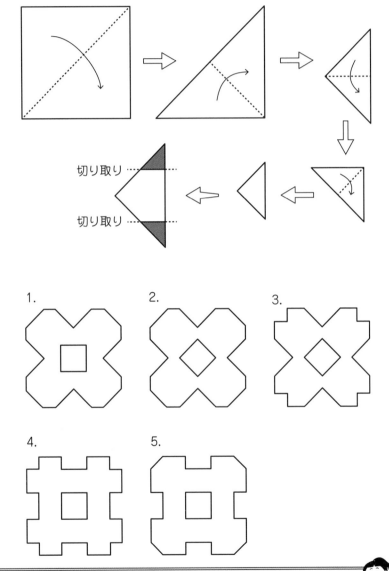

1.　　　　　　　　2.　　　　　　　　3.

4.　　　　　　　　5.

開いた図形を選ぶ問題は、最後に折り込まれた部分に着目！

246

まず、４回折って最後にできた三角形が、最初の正方形のどの部分に当たるかを調べると、図１のＡの部分とわかります。

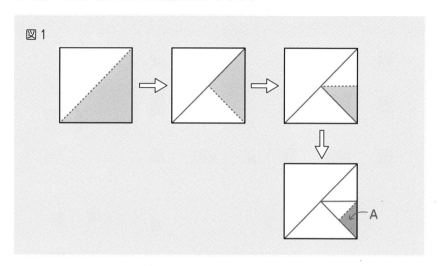

図1

→Ａ

　これより、選択肢のＡに当たる部分を確認すると、図２のようになり、合致するのは肢４となります。

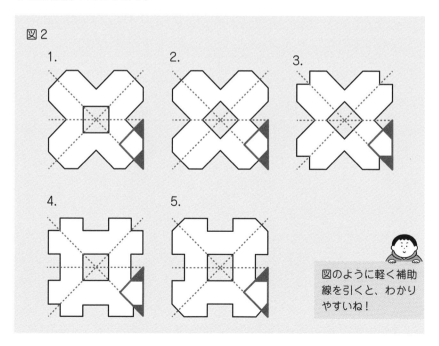

図2

1.

2.

3.

4.

5.

図のように軽く補助
線を引くと、わかり
やすいね！

ちなみに、最後の三角形から順に開いて、<u>最初の正方形の形状を描く</u>と、図3のように確認できます。

折り目に対して対称に描くんだ！

図3

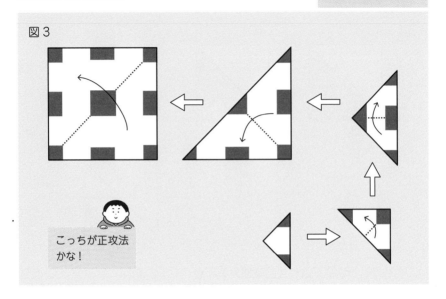

こっちが正攻法かな！

⇨ 正解 4

248

正方形の紙を机の上に置き、図の破線部分で3回谷折りし、そのうち2，3回目は紙の角がずれるようにした。この紙の上になっている面全体に着色したとき、この紙を元どおりに広げて裏返したものとして最も妥当なのはどれか。

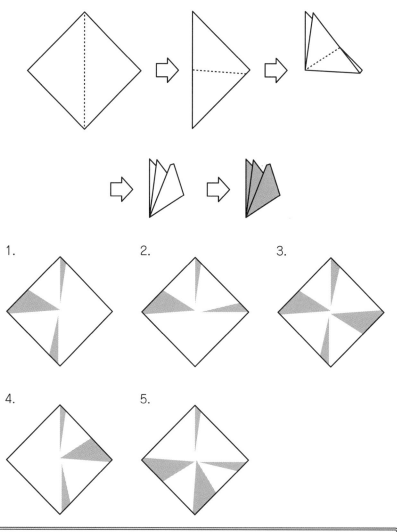

1.　　　　　　　　2.　　　　　　　　3.

4.　　　　　　　　5.

PLAY 8 とはちょっと違うけど、着色された部分はどの位置にくるか考えてみて！

図１のように、折っていく過程を①〜④とし、①の正方形の各頂点をＡＢＣ
Ｄとします。

　①から１回谷折りにして、②でＢとＤが重なりますが、この時点ではＢが上
になりますね。さらに、③→④と折ったところで、今度はＤが上になるとわか
ります。

図１

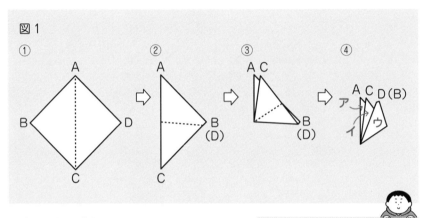

　④の状態で着色されたのは、図１のア〜ウ
の３つの部分ですから、それぞれの位置を確
認すると、アはＡ、イはＣ、ウはＤの頂点を
含む部分とわかります。

> 広げたときに色が付くのは３か
> 所だから、４か所に色が付いて
> いる肢３, ５は消去していいね。

　これを①の状態まで広げたとき、着色されているのはいずれも裏面で、これ
を裏返しにした正方形のＡ，Ｃ，Ｄの位置に、ア，イ，ウに該当する形が見ら
れるのは肢１のみとわかります。

　④→①と広げながら、着色部分を確認すると、図２のようになりますね。

図２

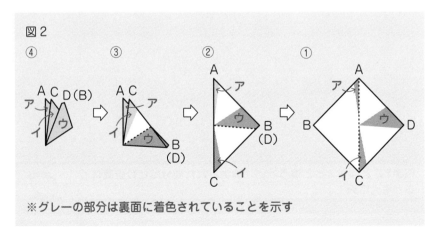

※グレーの部分は裏面に着色されていることを示す

さらに、これを裏返すと、図3のようになります。

図3

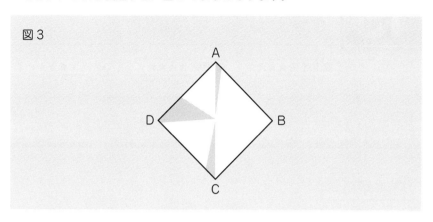

よって、正解は肢1です。

⇨ 正解1

最近の「折り紙」の問題は、ちょっと変わったのが多いみたいね。

# #13 移動と軌跡

図形が移動した様子や、そのときのある点の軌跡を考える問題です。図形の特徴を捉え、点の足取りをしっかり追っていきましょう！

## 基本事項

### >>> 1. 多角形の回転

　たとえば、図1のような直角三角形が、図2のように、直線 $\ell$ 上を滑らずに1回転するとき、最初は頂点Cを中心とし、次いでA, Bを中心として順に転がって1回転し、元の向きに戻ります。

　このとき、直角三角形の内部の点Pは、図の①〜③のような3個の円弧を描きます。

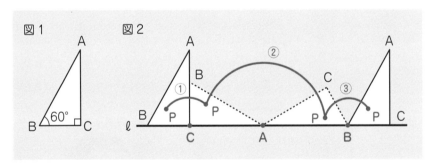

　すなわち、三角形には頂点が3つあり、それぞれが1回ずつ中心となって転がりますから、点Pはそれぞれに対して1個ずつ円弧を描くわけです。

　しかし、たとえば頂点Bが描く軌跡を見ると、図3のように、2個の円弧しか描きません。

図3

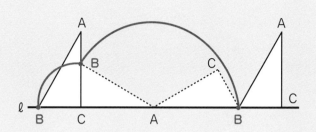

　これは、<u>頂点B自身が中心となって転がるときには、Bは動きませんので</u>、B以外の頂点が中心となって転がるときしか円弧を描かないためです。

自分が中心のときは、「1回休み」ってことね!

　ここまでで、N角形が直線上を1回転するときの、ある点が描く円弧の数は、次のようにわかります。

> N角形の頂点以外の点の軌跡　→　N個の円弧を描く
> N角形の頂点の軌跡　→　N−1（個）の円弧を描く

　また、点Pの描いたそれぞれの円弧の大きさについてみると、図4のように、①の半径はCPの長さで、<u>中心角の大きさは90°</u>とわかります。

　すなわち、点Pから回転の中心となる点までの長さが半径で、図形が回転した角度（回転角）の大きさが中心角となります。

図の○の大きさが同じだから、円弧の中心角と回転角が同じになるんだよ!

図4

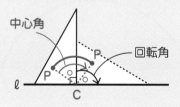

中心角　回転角

ℓ　C

　回転角は、図4からわかるように、中心となる頂点の外角の大きさになりますので、それぞれの円弧の大きさは、三角形ABCの形状から次のようにわかります。

実際に円弧を描かなくても、判断できるでしょ!?

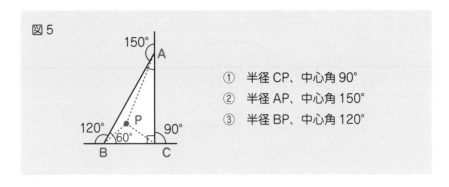

図5

150° A

① 半径CP、中心角90°
② 半径AP、中心角150°
③ 半径BP、中心角120°

120°　P　90°
60°
B　　C

## >>> 2. 円の回転

円が、直線上を滑ることなく回転するとき、円の中心Oは、図1のように直線の軌跡を描きます。

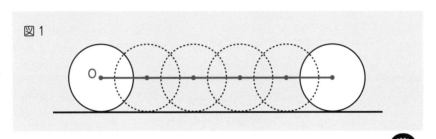

図1

また、円周上の点Pは、図2のような曲線を描きます。

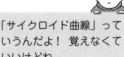

「サイクロイド曲線」っていうんだよ！ 覚えなくていいけどね。

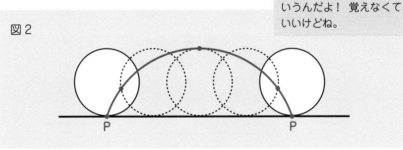

図2

## >>> 3. 円の回転数

円が円の周りに沿って回転するときの回転数には、公式がありますので、覚えてください。

円A（回転円）が、円B（基盤円）の周りに沿って、外側を1周するときと、内側を1周するときの、円Aの回転数は、次のようになります。

円Aの半径：円Bの半径 ＝ 1：mのとき、
　円Aが円Bの外側を1周する → 円Aの回転数は、m＋1（回転）
　円Aが円Bの内側を1周する → 円Aの回転数は、m－1（回転）

　たとえば、半径の比がA：B＝1：3で、円Aが円Bの外側と内側を1周するとき、円Aの中心は、それぞれ図のような軌跡を描きます。

① 外側を1周するとき　　② 内側を1周するとき

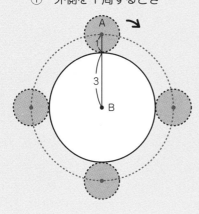 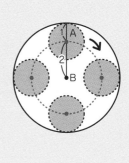

　円Aの半径を1とすると、円Aの中心が描いた軌跡は、外側を1周するときは、半径4の円、内側を1周するときは、半径2の円を描いています。

円Bの半径は3になるので、外側は3＋1＝4、内側は3－1＝2になるよ！

　円は、何かに沿って1回転するとき、その中心は、自身の円周と同じだけの距離を動く性質があります。

　そうすると、円Aは、円Bの外側を1周するときに、自身の円周の4倍の軌跡を描いていますので、4回転していることになり、同様に、内側を1周するときは2回転していることがわかります。

1：3だから、「3回転」と思いがちだけど、ちょっと違うんだね！

　すなわち、半径の比が、回転円：基盤円＝1：mのとき、回転円の中心の描く軌跡の半径は、外側を1周するときはm＋1、内側を1周するときはm－1になるので、このような公式になるわけです。

結論だけ覚えればOK！

　次のような等脚台形をB点を起点として、直線上を矢印の方向へ各頂点を順に支点としてすべらないように回転させるとき、点Aはどのような軌跡を描くか。

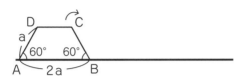

1.

2.

3.
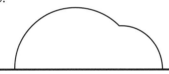

4.

5.
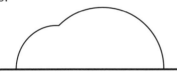

まずは、基本事項1の確認問題からね。

図は等脚台形で、左右対称ですから、それぞれの外角は図1のようになり、頂点Aの描く円弧の中心角がわかります。

図1

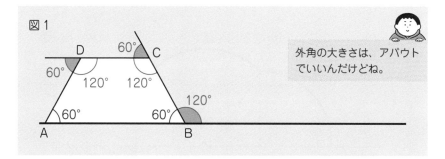

外角の大きさは、アバウトでいいんだけどね。

　Aは、四角形の頂点ですから、1回転する間に円弧を3個描くことになり、次の①〜③のような大きさの円弧がこの順に現れることになります。

　　① 半径BA（2a）、中心角120°の円弧
　　② 半径CA、中心角60°の円弧
　　③ 半径DA（a）、中心角60°の円弧

選択肢の図形は、いずれも1周分だよね!?

　ここで、円弧が2個しか描かれていない、肢3と肢5は消去できます。
　また、肢1は、図2のように、①と③に当たる円弧がほぼ同じ大きさで、ともに中心角は90°前後に見えますが、半径、中心角とも、①は③の2倍ですので、合致しません。

図2

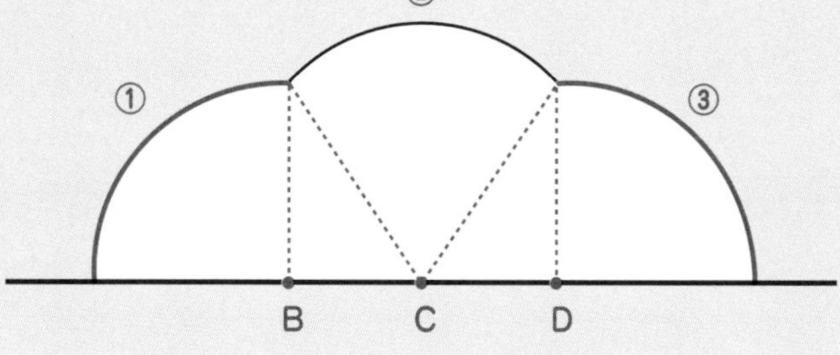

また、肢2については、図3のように、①より②のほうが半径は長く、中心角もともに90°前後で、合致しません。

図3

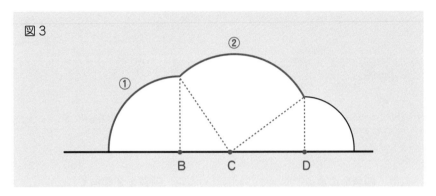

残る肢4については、図4のように、半径、中心角とも合致するのがわかり、これが正解です。

図4

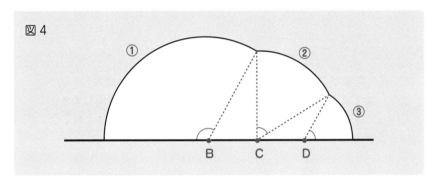

⇨ 正解4

次の図は、台形が直線上を滑ることなく1回転したとき、その台形上の点P が描く軌跡であるが、この軌跡を描くものはどれか。

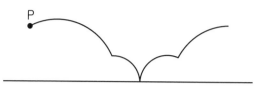

1.

2.

3.
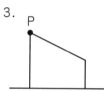

4.

5.

本問も、基本事項1が理解できていればカンタンな問題！

台形が1周する間に、4つの円弧を描いていますので、点Pは頂点以外の点とわかり、ここで、肢3、5は消去できますね。

では、4つの円弧について、図1のようにそれぞれの中心を取ってA〜Dとし、中心角を$\theta_1$〜$\theta_4$とします。

直線上に、大体この辺かなあ、ってところを取ってみて！

図1

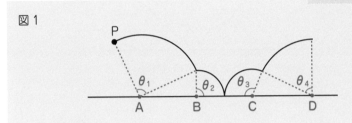

これより、それぞれの円弧の半径と中心角の大きさとその順番が、残る選択肢の形状と合致するかを確認します。点PはBを中心に回転したところで直線に接していますので、肢1、2、4それぞれのA〜Dの位置は図2のようになり、中心角（A〜Dの外角の大きさ）も図のようにわかります。

選択肢の図は、この状態から回転をスタートしたわけだね。まあ、普通はそうなんだけど、念のため確認ね！

図2

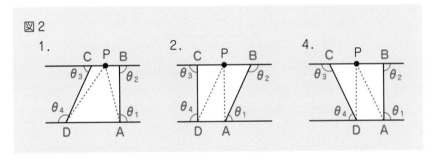

肢1については、$\theta_3 < \theta_4$ですし、B、Cを中心としたときの半径の長さも短いので合致しないとわかります。

肢2については、$\theta_1$〜$\theta_4$のいずれの大きさも合致しませんね。

残る肢4については、いずれも合致しているとわかります。

よって、正解は肢4です。

⇒ 正解4

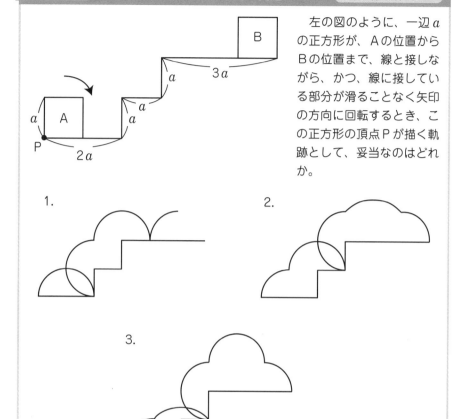

　左の図のように、一辺 $a$ の正方形が、Aの位置からBの位置まで、線と接しながら、かつ、線に接している部分が滑ることなく矢印の方向に回転するとき、この正方形の頂点Pが描く軌跡として、妥当なのはどれか。

1.

2.

3.

4.

5.

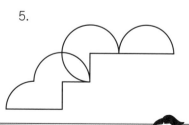

正方形と点Pの位置を確認しながら、選択肢を消去していこう！

正方形は、初めに図1のAから点①を中心にCの位置まで移動し、次に、点②を中心にDの位置まで移動して、点Pは図のような円弧を描きます。

この時点で、円弧の形状が合致しない肢1，3，4は消去できます。

図1

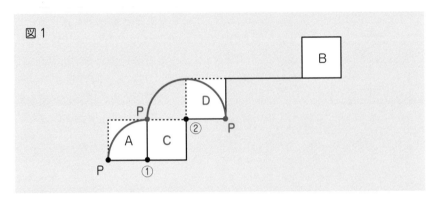

さらに、図2のように、点③を中心にEの位置へ移動し、次に点④を中心にFの位置まで移動したところで、点Pの描く円弧を見ると、合致するのは肢2とわかります。

図2

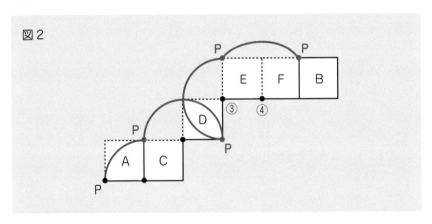

よって、正解は肢2です。

⇨ 正解2

　次の図のように、正三角形の頂点に点A，点Bがある。今、点A及び点Bが正三角形の辺上を矢印の方向に同時に動き出し、点Aが点Bの2倍の速さで動いて、点Bが一周するとき、線分ABの中点Mが描く軌跡はどれか。

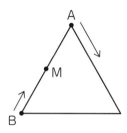

1.

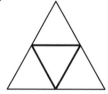

2.

3.

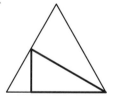

4.

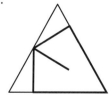

5.

中点Mの通る位置を見つけながら、選択肢を消去していこう！

点Aは点Bの2倍の速さで動きますので、点Aが正三角形の1辺を移動する間に、点Bは1辺の半分だけを移動することがわかります。

これより、点Aが1辺を移動するごとの、点A，Bの位置を取り、その中点Mの位置を確認します。

まず、点Aがスタートの位置から、図1のA₁まで移動したところで、点BはB₁まで移動しており、このとき、中点MはM₁の位置に来ることがわかります。

ここまで、点A，Bとも直線上を移動していますが、このような場合、その中点も直線を描くことになります。

理由は、数学っぽくなるけど、縦、横の「変化の割合」が一定だから、1次関数＝直線ってこと！
でも、あまり気にしなくてOK！

そうすると、Mは、スタートからM₁まで図1のように直線の軌跡を描き、これに当たる軌跡を描いていない肢1，2は消去できます。

さらに、点Aが図のA₂まで移動したところで、点BはB₂まで移動し、中点MはM₂の位置、すなわち、スタートの位置に戻ることがわかります。

図1

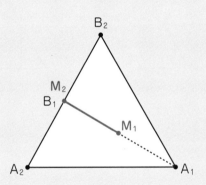

同様に、点Aが図2のA₃まで移動したとき、点Bと中点Mは、それぞれB₃，M₃の位置まで移動し、ここでM₃を通っていない肢3は消去できます。

また、Aがさらに1辺移動したところで、点AとBはともに、A₄，B₄のように同じ位置に到達し、中点M₄も同じ位置にあることになります。

肢4，5に絞られたから、その違いを見ておこう！

線分ABが1個の点になるからね。

図2

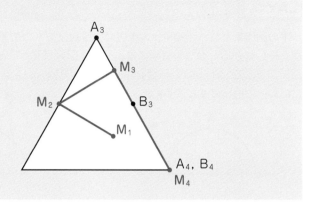

　さらに、点A, Bがそれぞれ図3のA₅, B₅の位置まで移動したところで、中点MはM₅の位置まで移動しますので、ここで、肢5が消去でき、肢4に決まります。

　最後に、Aがもう1辺移動して、ここで、点Bが1周することになり、A, B及び中点Mはいずれもスタートの位置に戻り、Mの軌跡は図3のようになります。

 図3

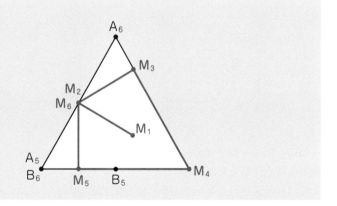

⇨ 正解 4

　下の図のように、半径 $4a$ の半円が、直線上をAの位置からBの位置まで直線と接しながら、かつ、直線に接している部分が滑ることなく矢印の方向に1回転するとき、半円の中心点Oが描く軌跡の長さとして、正しいのはどれか。ただし、円周率はπとする。

1.　$4\pi a$　　　2.　$6\pi a$　　　3.　$8\pi a$　　　4.　$10\pi a$　　　5.　$12\pi a$

軌跡の長さなどを計算する問題も、東京都を中心によく出題されているよ。円弧の長さの求め方は OK かな?

　まず、円が直線と接しているとき、図1のように、円の中心Oと接点Pを結ぶ半径OPは接線に対して垂直に交わる状態であることを確認します。

図1

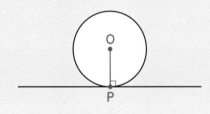

　半円も円の一部ですから、円弧が直線に接しているときは、同様に、半径と接線は垂直になります。
　では、与えられた半円の回転の様子を確認します。
　図2のように、半円の直径をPQとすると、初めに、Qを中心に図のCの位置まで回転し、中心Oは円弧を描きます。この円弧の半径は $4a$、中心角は90°ですね。

直径PQと直線が垂直になったところだよ。

　Cの位置から、半円は円の一部としての動きになり、図3のように、Dの位置まで回転し、中心Oは直線を描きます。この直線の長さは、図のLの長さで、これは半円の円弧の長さと同じです。

円弧が直線に接しながら転がったんだからね。

図2 図3

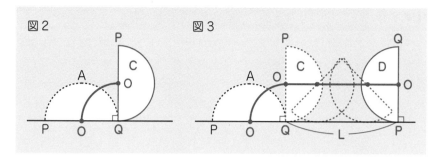

　最後に、Dの位置からBの位置まで、Pを中心に回転し、図4のように、中心Oは円弧を描きます。この円弧も、半径$4a$、中心角90°ですね。

図4

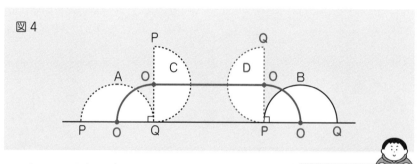

　これより、中心Oが描いた軌跡の長さを計算すると、次のようになります。

> 円弧の長さ（半径$r$）
> $= 2\pi r \times \dfrac{\text{中心角}}{360°}$

A→C　半径$4a$、中心角90°の円弧 $\Rightarrow 2\pi \times 4a \times \dfrac{90}{360} = 2\pi a$ …①

C→D　半径$4a$の半円の円弧 $\Rightarrow 2\pi \times 4a \times \dfrac{180}{360} = 4\pi a$ …②

D→B　半径$4a$、中心角90°の円弧 $\Rightarrow 2\pi \times 4a \times \dfrac{90}{360} = 2\pi a$ …③

①＋②＋③ $\Rightarrow 2\pi a + 4\pi a + 2\pi a = 8\pi a$

よって、$8\pi a$となり、正解は肢3です。

➡ 正解3

次の図のような直径の比が7:3の大円と小円がある。小円が大円の円周上を滑らず時計まわりに2周転がってもとの位置に戻ったときの小円の図として、正しいものはどれか。

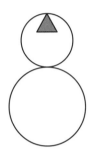

| 1. | 2. | 3. | 4. | 5. |
|---|---|---|---|---|
|  | |  |  |  |

基本事項3の公式は理解できたかな？

大円と小円の直径の比は7:3ですから、半径の比も7:3 = $\frac{7}{3}$:1となります。よって、公式より、小円が大円の外側を1周するときの回転数は、$\frac{7}{3}$ + 1 = $\frac{10}{3}$（回転）とわかります。

そうすると、2周するには、$\frac{10}{3}$ × 2 = $\frac{20}{3}$ = $6\frac{2}{3}$（回転）することになり、6回転して、さらに $\frac{2}{3}$ 回転していますので、小円に描かれた▲の向きは、図のようになります。

よって、正解は肢 4 です。

## PLAY 7　円の回転を考える問題　　東京消防庁Ⅱ類 2010

　次の図のように、同じ大きさのA～Dの4つの円があり、円B～Dの3つは直線ℓの上で互いに接するように固定されている。円Aには矢印が描かれており、最初、矢印が真上を向くように置く。その後、円B～Dの3つの円の上を滑らないようにして、円Eの位置まで転がしたとき、円Aに描かれている矢印の向きとして、最も妥当なのはどれか。

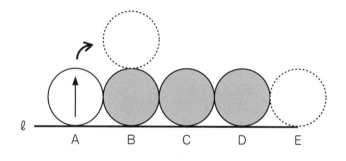

1.　2.　3.　4.　5.

本問も、円の回転数の公式が使えるよ。まずは、円Aの通る場所を確認しよう。

円Aは、最初に円Bの周りを転がって、図1の円Fの位置まで移動します。その後は、円Cの周りを転がって円Gの位置まで移動し、最後に、円Dの周りを転がって円Eの位置まで移動します。

図1

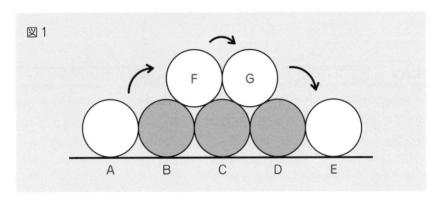

円Aと円B〜Dはいずれも同じ大きさですから、回転円（A）と基盤円（B〜D）の半径の比は1：1なので、1つの基盤円の周りを1周するのに、円Aは1＋1＝2（回転）することになります。

そうすると、円Aが、B〜Dそれぞれの周りを何周したかを調べると、円Aが何回転したかを求めることができますね。

ここで、各円の中心を図2のように結ぶと、三角形FBC、三角形FCG、三角形GCDはいずれも正三角形となり、図のように、それぞれの角度がわかります。

3辺がいずれも半径×2＝直径の長さになるからね！

図2

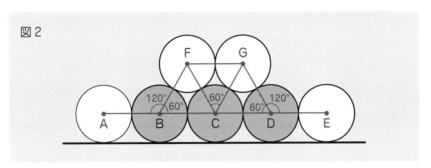

これより、円Aは円Bの周りを、図3のように120度転がっており、1周は360度ですから、$\frac{1}{3}$周だけ回転したことがわかります。

270

同様に、Cの周りを $\frac{1}{6}$ 周し、Dの周りを $\frac{1}{3}$ 周
して、円Eの位置まで転がったことがわかります。

60度だけ転がったので、

$60 \div 360 = \frac{1}{6}$ (周)だね！

図3

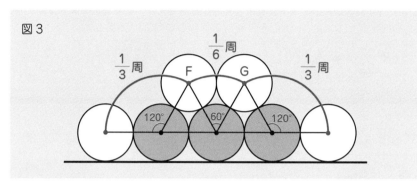

これらをまとめると、円Aは、基盤円の周りを、合計で $\frac{1}{3} + \frac{1}{6} + \frac{1}{3} =$
$\frac{5}{6}$ (周) したことになり、1周に2回転ですから、円Aの回転数は $2 \times \frac{5}{6} =$
$\frac{10}{6} = 1\frac{2}{3}$ (回転) とわかります。

よって、矢印の向きは、最初の状態から $\frac{2}{3}$ 回転した肢5のようになります。

正解5

頻出度 ★★★★☆　重要度 ★★★★☆　コスパ ★★★★☆

正多面体、立体の切断、積み木、投影図という、立体図形の 4 つのテーマを扱います。正多面体は、「#15 展開図」などにもつながる重要なテーマです。積み木は、頻出度も高く、コスパも高いのでしっかり解法をマスターしましょう！

## 基本事項

### >>> 1. 正多面体

　正多面体というのは、すべて合同な<u>正多角形</u>で構成され、1 つの頂点の周りに集まる面の数もすべて同じである<u>多面体</u>をいいます。

正三角形、正方形などの、正○角形ってヤツ！

　たとえば、立方体（「正六面体」ともいいます）は、すべて合同な正方形で構成されていて、次の図のように、1 つの頂点の周りには面が 3 枚ずつ集まっています。

平面だけで構成される立体のこと！　球みたいな曲面を持たないヤツね。

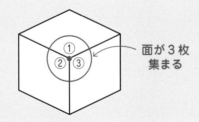
面が 3 枚
集まる

　このような条件を満たす立体は、次ページの表のように全部で 5 つあります。
　名称、面の形、1 頂点に集まる面の数と、大体の形は覚えてください。面の数は名称に入っています。辺の数と頂点の数については、後述のように、計算で求められますので、覚える必要はありません。
　特に左の 3 つ（正四面体、正六面体、正八面体）は、展開図や切断の問題などにもよく登場しますので、しっかり構成を捉えておきましょう。右の 2 つ（正十二面体と正二十面体）は、基本的なことだけで OK です。

| 名称 | 正四面体 | 正六面体 | 正八面体 | 正十二面体 | 正二十面体 |
|---|---|---|---|---|---|
| 面の形 | 正三角形 | 正方形 | 正三角形 | 正五角形 | 正三角形 |
| 1頂点に集まる面の数 | 3 | 3 | 4 | 3 | 5 |
| 見取り図 | | | | | |
| 面の数 | 4 | 6 | 8 | 12 | 20 |
| 辺の数 | 6 | 12 | 12 | 30 | 30 |
| 頂点の数 | 4 | 8 | 6 | 20 | 12 |

### >>> 2. 辺の数と頂点の数の求め方

例として、立方体の辺の数と頂点の数を求めてみます。

立方体は、正方形6枚で構成されていますが、1枚の正方形に辺は4本ありますから、正方形6枚をバラバラにすると、辺の本数は全部で4×6＝24（本）となります。

そして、その6枚を組み合わせて立体を作るには、図1のように、2本ずつの辺を合わせることになりますので、できあがった立体の辺の本数は、24÷2＝12（本）と求められます。

同様に、頂点の数も、正方形6枚をバラバラにすると、4×6＝24（個）ですが、立方体は1つの頂点の周りに面が3枚ずつ集まりますので、図2のように、3個の頂点が1か所に集まって立体を作ることになり、できあがった立体の頂点の個数は、24÷3＝8（個）と求められます。

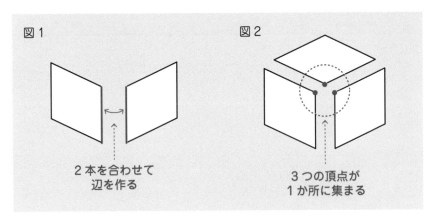

図1　　　　　　　　　　　　図2

2本を合わせて
辺を作る

3つの頂点が
1か所に集まる

これより、辺の数と頂点の数は、次のように計算できることになります。

辺の数　　→　　1面の辺の数×面の数 ÷2
頂点の数　→　　1面の頂点の数×面の数 ÷1頂点に集まる面の数

　ちなみに、正多面体以外の立体でも、わりと単純な構造の立体であれば、同様の考え方で辺や頂点の数を求めることができます。

### >>> 3. 立体の切断面の描き方

　立体を1つの平面で切断したときの切断面を描く手順は、次のようになります。

　　①　同じ面の上にある2点はそのまま結ぶ
　　②　平行な面に入る切り口は平行になるようにつなげる

　たとえば、図1の立方体を、3点A〜Cを通るように切断します。
　まず、AとBは、いずれも上面にある点です。つまり、同じ面の上にある2点ですので、手順①より、図2のように、そのまま結びます。同様に、BとCも同じ側面上の2点ですので、そのまま結びます。
　次に、Cから先の切り口を考えると、底面に入ることになりますが、底面は上面と平行ですから、手順②より、上面にあるABと平行になるように、切断線CDを図3のように描きます。
　そうすると、DとAは同じ側面上の2点になりますので、そのまま結びますが、ADは必然的にBCと平行になります。

これより、切断面は、図3のような平行四辺形になることがわかりますね。

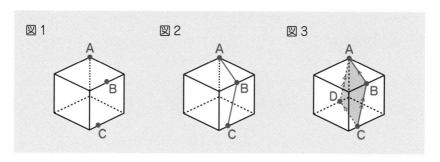

図1　　　　　　図2　　　　　　図3

## >>> 4. 投影図

　立体をある方向から見て平面に写した図を「投影図」といい、次の3つから構成されます。

> 　正面から見た図 → 「正面図」または「立面図」
> 　真上から見た図 → 「平面図」
> 　真横から見た図 → 「側面図」

たとえば、図1のような立体の投影図は、図2のようになります。

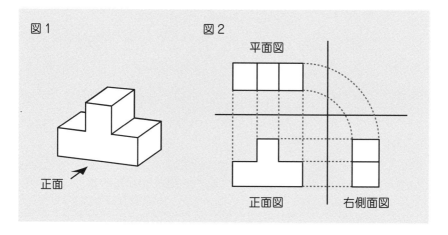

図1　　　　　　　　　図2

次の図のように、正五角形を 12 枚と正六角形を 20 枚用いて作った多面体の辺の本数は何本か。

1. 60 本　　2. 70 本　　3. 80 本　　4. 90 本　　5. 100 本

基本事項 2 の方法で辺の数を求めるよ。

「基本事項 2」より、正五角形 12 枚と正六角形 20 枚の辺の総数を計算し、2 で割ると、次のようになります。

$$(5 \times 12 + 6 \times 20) \div 2 = 90$$

よって、正解は肢 4 です。

➡ 正解 4

　　立方体を 1 つの平面で切断したときにその切断面として表されない図形として、最も妥当なのはどれか。

1. 正三角形
2. 直角三角形
3. 等脚台形
4. 五角形
5. 正六角形

> 立方体の切断面は重要テーマ！ 切断面として現れる図形は一通りイメージできるようにしておこう。

　　立方体は、1 つの頂点の周りに 3 枚の面が集まっていますので、たとえば、図 1 のように、頂点 P を切り落とすと、P に集まる 3 枚の面に切り口が入り、三角形の切断面になります。

　　このとき、図 2 のように、PA = PB = PC になるような 3 点 ABC で切断すると、切り口は正三角形になります。また、図 3 のように、二等辺三角形の切断面も可能です。

肢 1 は OK だね！

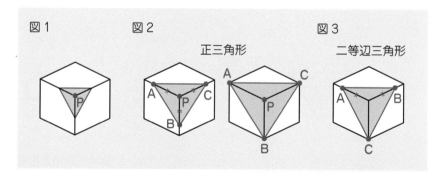

図 1 　　図 2 　　　　正三角形 　　図 3 　　　　二等辺三角形

　　しかし、三角形の切断面の場合、その内角はいずれも 90 度より小さくなり、90 度以上の角を持つ三角形になることはありません。

　　よって、直角三角形の切断面は表されず、正解は肢 2 です。

　　また、四角形については、図 4 のような切断面が可能です。台形については、左右対称にすれば等脚台形になりますが、そうでない台形の切断面も可能です。

図4

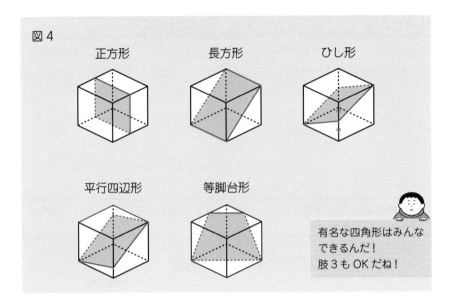

正方形　　　　　長方形　　　　　ひし形

平行四辺形　　　　等脚台形

有名な四角形はみんな
できるんだ！
肢３も OK だね！

　五角形の切断面は、図５のように可能です。しかし、**正五角形になること**は
**ありません。**

　六角形については、図６のように、すべて辺の中点を通るように切断すると、
正六角形の切断面も可能ですし、そうでない六角形も可能です。

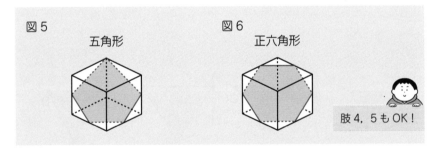

図５　　　　　　　　　　　図６

五角形　　　　　　　　　　正六角形

肢４，５も OK！

　このように、立方体の切断面には多くの形が可能ですが、**直角三角形と正五**
**角形が不可能であること**は、よく問われる特徴ですので、覚えておいてくださ
い。

⇨ **正解２**

図のような一辺の長さが１の立方体ＡＢＣＤＥＦＧＨがある。辺ＢＣ，辺Ｃ
Ｄ，辺ＥＨの中点をそれぞれＰ，Ｑ，Ｒとする。３点Ｐ，Ｑ，Ｒを通る平面で
この立方体を切ったとき，切り口の図形の周の長さはいくらか。

1. $2\sqrt{2}$

2. $3\sqrt{2}$

3. $4\sqrt{2}$

4. $5\sqrt{2}$

5. $6\sqrt{2}$

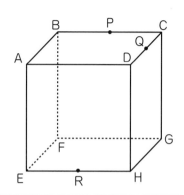

まずは、切断面がどんな形になるか考えよう。

まず、切り口を描きます。

ＰとＱは同じ面の上の２点ですから、図１のように、そのまま結びます（基
本事項3）。さらに、Ｒを通ってＰＱと平行になるように、底面にＲＳを描くと、
ＳはＥＦの中点になります。

図１

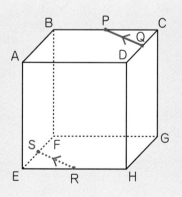

次に、ＱとＲをつなぐことを考えると、この２点はいずれも辺の中点ですか
ら、横から見ると図２のようになり、ＤＨの中点Ｔを通ることがわかります。

同様に、ＰとＳもＢＦの中点Ｕを通ってつながり、切断面は図３のような正
六角形になります。

図2

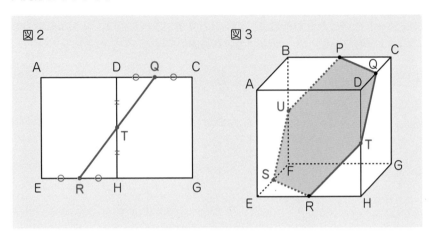

立方体の１辺の長さは１ですから、切り口である正六角形の１辺の長さは、
図４のように、$\frac{\sqrt{2}}{2}$ とわかります。

図4

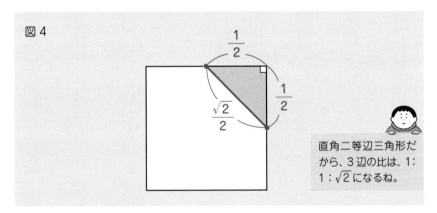

直角二等辺三角形だ
から、3辺の比は、1：
1：$\sqrt{2}$ になるね。

よって、正六角形の周の長さは、$\frac{\sqrt{2}}{2} \times 6 = 3\sqrt{2}$ となり、正解は肢２です。

正解2

　立方体4個を装着させて次の図のような立体を作った。この立体をひとつの平面で切断したときの切断面の形としてありえないのはどれか。

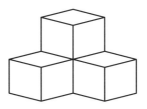

1.

2.

3.

4.

5.

基本事項3の手順に従って切断面を描いてみよう。

立方体の切断面に、正六角形や正三角形が現れることは、PLAY2 で確認しました。

　そうすると、肢2, 3については、図1のようにあり得ることがわかります。

図1

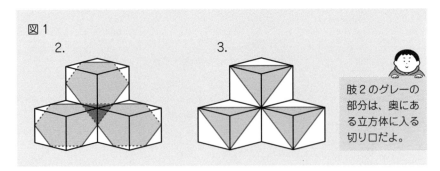

肢2のグレーの
部分は、奥にあ
る立方体に入る
切り口だよ。

　また、上の立方体を、切り口が長方形になるように切断すると、図2のように、底面に垂直に切ることになり、肢5のようになります。

　したがって、肢1のような切断面を得ることはできません。

　また、肢4は、1つの立方体の切り口としてあり得ることはわかりますので、図3のように、上の立方体の点Pの部分を切断すると、あり得ることがわかります。

図2　　　　図3

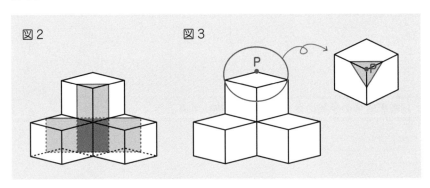

以上より、正解は肢1です。

➡ 正解1

　小立方体を積み上げて 4 × 4 × 4 の立方体を作った。図のように、3 つの面の黒点を打ったところからその面に垂直に穴を貫通させたとき、穴のあいていない小立方体は何個あるか。

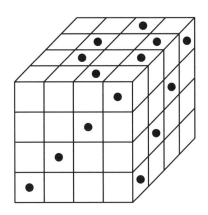

1. 23 個　　　2. 24 個　　　3. 25 個　　　4. 26 個　　　5. 27 個

> 積み木の解法は「一段スライス」が定石！　まずは、最も基本的な問題から。

　立方体を上から一段ずつスライスして、それぞれの平面図（上から見た図）を描き、穴の開いている小立方体を調べます。

「一段スライス」という解法だよ。

　まず、立方体の上面に打たれている 6 個の黒点からは、下まで穴が貫通していますので、次ページの図のように、すべての段の平面図に〇を記入します。

この作業は、最初に一気にやったほうが早いかな。もちろん、〇じゃなくても、描きやすい印で OK！

　さらに、正面と側面に打たれている黒点を確認すると、1 段目は図の①と②から反対側まで穴が貫通していますので、矢印で示すと、穴が開いていないのは、色の付いた 6 個とわかります。

　同様に、2 段目以降も作業をすると、図のようになりますね。

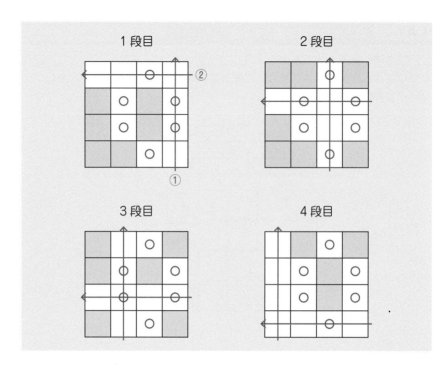

　これより、穴が開いていない小立方体は、1段目は6個、2段目は7個、3段目は6個、4段目は4個で、計23個となり、正解は肢1です。

⇨ 正解 1

同形同大の小立方体 125 個を用いて次の図のような大立方体を作った。この大立方体をA，B，Cの３つの点を通る平面で切断したとき切断される小立方体の個数はどれか。

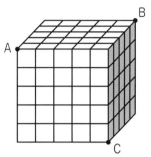

1. 15 個　　　2. 20 個　　　3. 25 個　　　4. 30 個　　　5. 35 個

本問も一段スライスで解くよ。まずは、切断面を確認しよう。

切断面は、A，B，Cをそのまま結んで、図１の三角形ＡＢＣのようになります。ここで、切断線上の各段の境目の点をＤ〜Ｋとしておきます。

図１

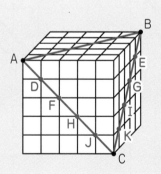

次に、大立方体を上から５段にスライスし、各段の平面図に切断面が通る部分を描きます。まず、１段目について、切断面が通るのは、図１のＡＢからＤＥまでですので、図２の色付きの部分となります。

そうすると、切断される小立方体は、図の○の付いた９個とわかります。

図2

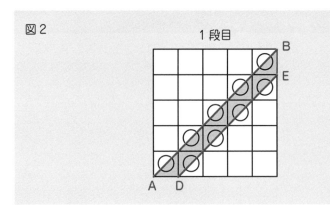

1段目

　以下、2段目以降についても、同様に作業すると、図3のようになり、切断される小立方体は、2～5段目で、それぞれ7個、5個、3個、1個とわかります。

規則性が見えてきたら、そこでやめてOK!

図3

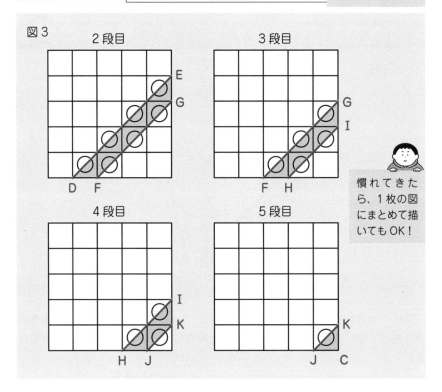

2段目　　　　　　3段目

4段目　　　　　　5段目

慣れてきたら、1枚の図にまとめて描いてもOK!

　よって、合計で9＋7＋5＋3＋1＝25（個）となり、正解は肢3です。

➡ 正解3

　同じ大きさの小さな立方体を 27 個積み重ねて作った大きな立方体がある。この大きな立方体に、図Ⅰのように黒く塗られた小さな立方体がある場合、黒く塗られた面に対して垂直な方向に押し抜くと、押し抜いた立方体の上に積み重なっている立方体が下に落ちて、図Ⅱのようになる。このとき、図Ⅲの大きな立方体から、同様に面アを黒く塗られた小さな立方体及びその下にある小さな立方体を全て取り除いた上で、黒く塗られた面イ，ウ，エの順にそれぞれの面に対して垂直な方向に押し抜いたとき、残った立体に使われている小さな立方体の個数はいくつか。

図Ⅰ

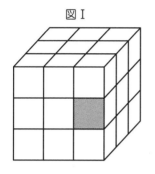

図Ⅱ

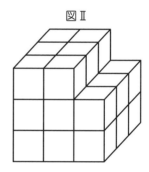

図Ⅲ

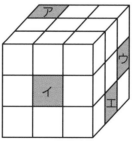

1. 15 個　　　2. 16 個　　　3. 17 個　　　4. 18 個　　　5. 19 個

本問は一枚の平面図に書き入れていくタイプ。順番通りに作業していこう。

大立方体の平面図を１枚用意して、ここに取り除かれた小立方体の個数を記入していきます。

たとえば、問題の図Ⅱの立体であれば、次の図１の色付きの３か所が１個ずつ取り除かれたので、図のように「1」と記入します。

そうすると、取り除かれた小立方体の個数がわかり、残った個数も計算できますね。

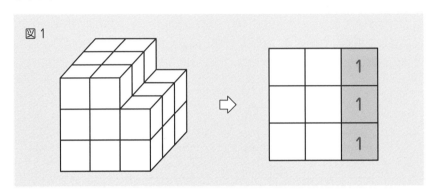

図1

では、問題の図Ⅲについて、ア〜エの順に取り除かれた小立方体の個数を記入していきますが、個数は増えてもいいように正の字を使って作業します。

まず、アの面、さらにイの面について、図２のように取り除かれた個数を記入します。

次に、ウの面ですが、この面は下から２段目にありますので、２個以上の小立方体が残っていない部分は、取り除かれるものはありません。

アの面のとこは、もう何もないからね！

よって、図３の色の付いた部分だけが１個ずつ取り除かれることになります。

最後に、エの面について、ここは一番下の段ですから、１個以上の小立方体が残っていれば、取り除かれることになり、図４のようになります。

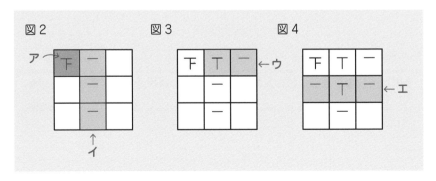

図2　　　　図3　　　　図4

これより、取り除かれた小立方体の個数（正の字の数）をすべて合計すると、11個となります。

小立方体の総数は27個ですから、残っているのは、27 − 11 = 16（個）となり、正解は肢2です。

 正解2

積み木を組み合わせる問題　　　　　　海上保安大学校など 2010

　図Ⅰのような一辺の長さが1である小立方体を14個用いて作られた立体に、図Ⅱのような小立方体を7個用いて作られた立体ともう一つの立体を組み合わせて、一辺の長さが3である立方体を完成させたい。このとき必要な立体として正しいのはどれか。

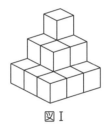

図Ⅰ

図Ⅱ

1.

2.

3.

4.

5.

頭の中で想像するのは難しいけど、一段スライスで整理していけばそうでもないかな。

与えられた2つの立体（図Iと図II）で、小立方体の個数は、14＋7＝21（個）になります。

　一辺の長さ3の立方体には、小立方体が3×3×3＝27（個）必要ですから、もう1つの立体の小立方体の個数は、27－21＝6（個）となります。

　これより、選択肢の図形の小立方体の個数を数えると、肢1, 2, 5は6個、肢3, 4は7個ですから、肢1, 2, 5のいずれかとわかります。

　ここで、図Iの立体をA、図IIの立体をBとして、それぞれを図1のように、一段ずつスライスして平面図に表します。

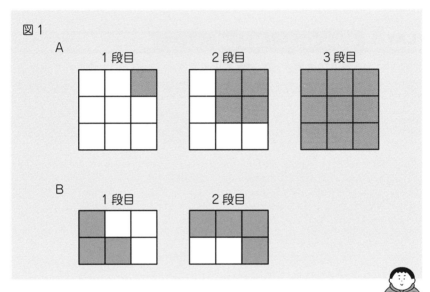

図1

　立体Aの平面図を基準に、その空いている部分に立体Bを当てはめます。立体Bは向きを変えることができますが、まずは、図1のBの2段目を、Aの2段目の空いている部分に当てはまるよう後ろ向きにして組み合わせると、図2のようになり、残る部分を①〜⑥とします。

Aの1, 2段目に入れるので、縦にはできないけど、横にしたり、逆さまにはできるよね!? 場合によっては、色々向きを変えて入れてみることも必要になるよ!

図2

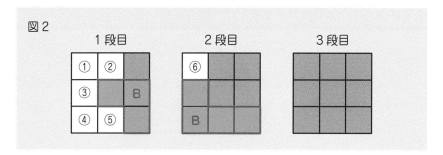

ここで、①～⑥をちょうど埋められる立体を選択肢から探すと、①～⑤の部分は、肢1，2，5のそれぞれ図3の色付きの部分と合致します。

図3

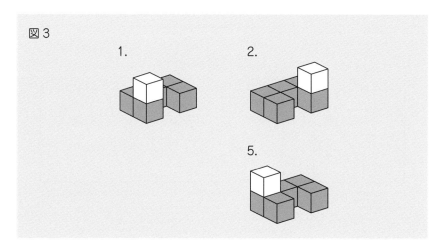

あとは、残る1個が⑥の位置と合致するか確認します。選択肢の図形は、いずれも逆さまにして図2の1，2段目に当てはめますので、向きに注意して調べると、肢1は②、肢2は⑤、肢5は①にもう1個の小立方体が付いており、合致するのは肢5とわかります。

よって、正解は肢5です。

⇨ 正解5

　次は、ある立体をいくつかの方向から見た図であるが、この立体の体積はいくらか。

　ただし、破線のマス目は縦横 1 cm で、立体に曲面はなく、背面及び底面に凹みはないものとする。

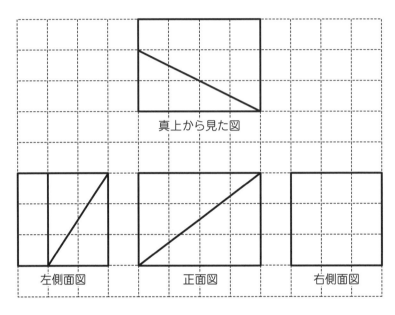

真上から見た図

左側面図　　　　　正面図　　　　　右側面図

1. 27 cm$^3$
2. 28 cm$^3$
3. 30 cm$^3$
4. 31 cm$^3$
5. 33 cm$^3$

直方体を描いて、投影図に示された線を描き入れてみよう。

　立体の大枠は、3 cm × 4 cm × 3 cm の直方体と考えられますので、この直方体の見取り図を用意して、真上から見た図と正面図に見えている線を、図 1 の A B、A D のように描きます。

　そうすると、左側面図に見えている縦の線は、図 2 の B C のようになり、これらの線によって、四角すい A - B C D E（図 2 のグレーの部分）ができることがわかります。

図1　　　　　　　　　　　図2

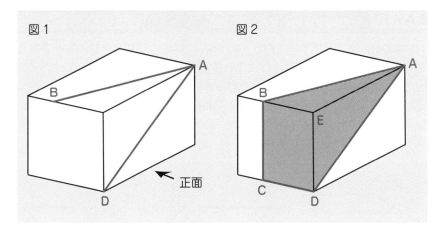

　ここで、この四角すいを取り除くと図3のようになり、辺ACが左側面図に見えている斜めの線に当たることがわかります。

図3

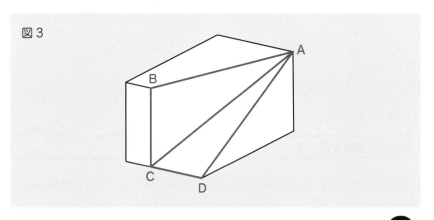

　これより、この立体の体積は、直方体から四角すいA－BCDEを引くことで求められ、<u>四角すいの底面（四角形BCDE）の面積は2cm × 3cm、高さ（AE）は4cm</u>ですから、求める体積は次のようになります。

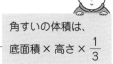

角すいの体積は、

底面積 × 高さ × $\dfrac{1}{3}$

$$3 \times 4 \times 3 - 2 \times 3 \times 4 \times \dfrac{1}{3} = 36 - 8 = 28 \text{ (cm}^3\text{)}$$

　よって、正解は肢2です。

⇨ 正解2

　1本の針金を2箇所で折り曲げ、図Ⅰのような、1辺の長さが10cmである透明な立方体の箱の中に入れた。この立方体を図Ⅰの①（正面から）、②（真上から）、③（側面から）の3つの方向から見ると、それぞれ、図Ⅱ、図Ⅲ、図Ⅳのように見えた。このとき、この針金の長さに最も近い値として、最も妥当なのはどれか。ただし、図Ⅱ、図Ⅲ、図Ⅳの太線部分は針金を、破線部分は立方体を表しているものとする。

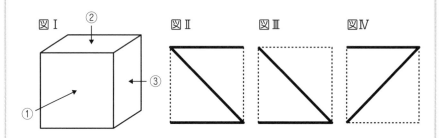

1. 41 cm
2. 43 cm
3. 45 cm
4. 47 cm
5. 49 cm

針金の位置を確認して、立方体に描き入れてみよう。

　正面図（図Ⅱ）に見えている針金の両端と折り目を、図1のようにA〜Dとすると、側面図（図Ⅳ）のA〜Cの位置は図2のようにわかります。

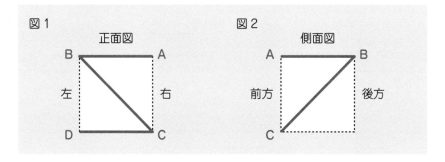

　立方体の上面にあるAとBについて、正面図より、Aは右側、Bは左側の点で、側面図より、Aは前方、Bは後方の点ですから、Aは右前方、Bは左後方にあ

るとわかります。同様に、底面にあるCは右前方にあり、針金ABCは、図3のような位置であるとわかります。

また、ここまでを平面図（図Ⅲ）と照合すると、A～Cの位置は図4のようになり、残るDの位置も図のようにわかりますね。

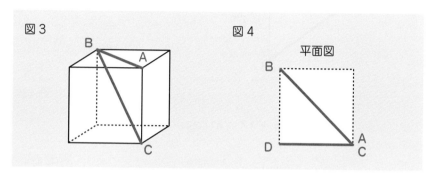

図3

図4 平面図

そうすると、底面にあるDの位置は、正面図と平面図より、左前方の点となり、図5のような位置にあるとわかります。

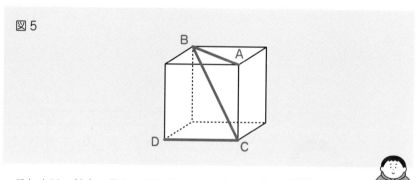

図5

これより、針金の長さを考えると、CDは、立方体の1辺で10cm、ABは上の面の対角線ですから、$10\sqrt{2} \fallingdotseq 14$（cm）です。また、BCは、これを含む長方形を図6のように描くと、直角三角形ABCにおいて、三平方の定理より、次のようにわかります。

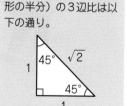

直角二等辺三角形（正方形の半分）の3辺比は以下の通り。

図6

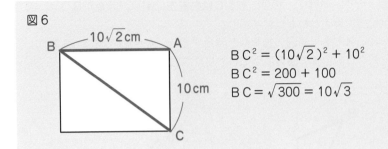

$BC^2 = (10\sqrt{2})^2 + 10^2$
$BC^2 = 200 + 100$
$BC = \sqrt{300} = 10\sqrt{3}$

よって、BC = $10\sqrt{3}$ ≒ 17cm となり、針金の長さは合計で、約 10 + 14 + 17 = 41（cm）で、正解は肢 1 です。

$\sqrt{2}$ ≒ 1.41　$\sqrt{3}$ ≒ 1.73 だからね。

⇨ 正解 1

三平方の定理や$\sqrt{\phantom{x}}$の計算は、数的推理でしっかり勉強するからね。

　底面が 2 × 2 の正方形で高さが 1 の直方体がいくつかある。3 方向から見ると下の図のように見えるように、直方体を積み上げた。なお、正面図と平面図の左右は一致する。このとき、直方体の数として考えられる最大値と最小値の正しい組み合わせはどれか。

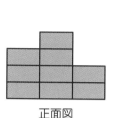

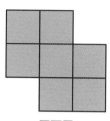

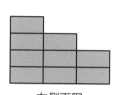

| 正面図 | 平面図 | 右側面図 |
|:---:|:---:|:---:|
| （正面から見た図） | （上から見た図） | （右から見た図） |

|  | 最大値 | 最小値 |
|:---:|:---:|:---:|
| 1. | 18 | 13 |
| 2. | 18 | 14 |
| 3. | 18 | 15 |
| 4. | 19 | 13 |
| 5. | 19 | 14 |

投影図からわかる積み木の個数を平面図に書き入れていくよ。

　図 1 のように、平面図の各位置を①〜⑦とし、正面図と右側面図より、図のA〜Fそれぞれの列に見えている直方体の個数を図のように記入して、各位置に積まれている直方体の個数を考えます。

図1

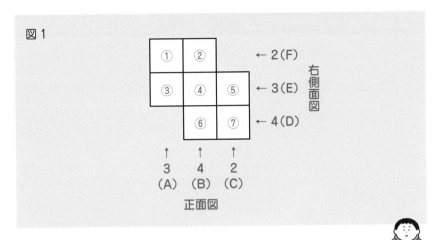

まず、直方体の個数の最小値から考えます。

正面、右側面のそれぞれから見て4個の直方体が見えるBとDの列が交差する部分を見ると、⑥に4個の直方体が積まれているとわかります。

> 最小個数で、この見え方になるように考えよう!

同様に、3個の直方体が見えるAとEの列が交差する③には3個の直方体が積まれており、図2のように記入します。

これで、正面図、右側面図のいずれから見ても、4個、3個の見え方は満たされますね。

図2

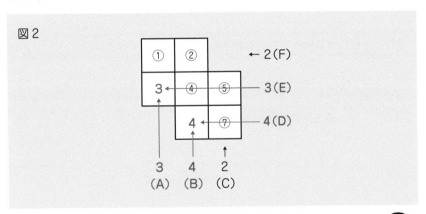

あとは、2個の直方体が見えるCとFの列について、この2列が交差する部分には直方体がありませんので、⑤, ⑦のいずれかと、①, ②のいずれかの2か所に2個の直方体が積まれている必要があります。

> ②の右隣の部分だよ。

これより、たとえば、図3のように⑤と①に2個の直方体があれば、残る②，④，⑦には1個あれば十分ですから、直方体の個数の最小値は、4＋3＋2×2＋1×3＝14となります。

図3

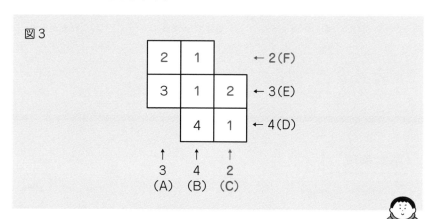

次に、直方体の個数の最大値を考えます。

⑥に4個、③に3個は、最小値の場合と同じですが、2個見える列である、①，②，⑤，⑦にはいずれも2個を積むことができます。

> 今度は、邪魔にならない限り、目一杯積むんだ！

また、④については、BとEの列の見え方を考えると、最大3個まで積むことができ、最大となる積み方は図4のようになります。

図4

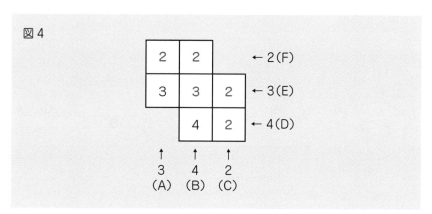

よって、直方体の個数の最大値は、4＋3×2＋2×4＝18となり、正解は肢2です。

⇨ 正解2

# #15 展開図

立体の展開図を考える問題です。展開図を変形するというテクニックを効率良く使って解けば、ここは得点源になるでしょう。

まずは、立方体の展開図の操作方法を覚えましょう。

## 基本事項

### >>> 1. 立方体の展開図

たとえば、図1の立方体の展開図は、側面を横に開くように描くと、図2のようになります。このように、<u>横に4面、その上に1面、下に1面</u>というのが、立方体の展開図の最も基本的な形であり、この形になれば、組み立てて立方体になります。

4枚の側面と、上面と底面だね。上面と底面はどの位置にあってもOK!

また、図1の立方体は、図3のような展開図にすることも可能です。すなわち、どこから開くかによって別の形になりますが、同じ立方体であることに変わりありません。

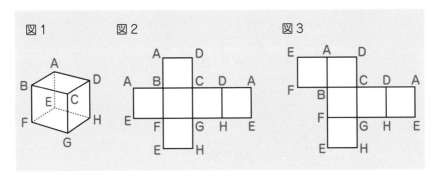

このように、同じ立体でも色々な形の展開図ができますが、図3の展開図は、図2の面AEFBを、辺ABどうしが重なるように上に移動しただけですね。

すなわち、組み立てたときに重なる辺は、もともと同じ辺なわけですから、これを重ねるように面を移動させても、同じ立体の展開図に変わりはないわけです。

そうすると、展開図の上で、重なる辺さえわかれば、その辺に重なるように面を移動させることで、展開図を変形することができることになります。
　では、その「重なる辺」ですが、立方体の展開図では、次のルールに従って求めることができます。

---

① 　最初に、90度をなす辺どうしが重なる
② 　次に、その隣どうしの辺が重なる（以下同様）

---

　たとえば、図4の展開図において、90°をなす辺はア〜エの4組があり、まずはこれらが重なることになります。

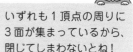

いずれも1頂点の周りに3面が集まっているから、閉じてしまわないとね！

　次に、その隣どうしの辺が重なりますので、アの2辺の隣どうしで、図5のオの2辺が重なり、同様に、エの隣どうしのカの2辺が重なります。
　しかし、イの隣どうしのキの2辺は重なることはありません。なぜなら、図5のAとBの面は、既にイで1組の辺が重なっていますので、図6のように、さらにもう1組の辺を重ねようとすると、AとBの面どうしが重なってしまうことになります。

AとBが、ぺしゃんこになっちゃうよね!?

　すなわち、1組の面で重なる辺は1組までとなり、2組目はNGということです。ウの隣どうしも同様ですね。

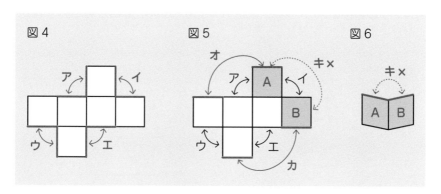

　あとは同じように、さらにその隣どうしの辺が重なっていきますので、オの隣どうしで、図7のaとbが重なることになりますが、bはcと重なることが既にわかっています。
　このように、片方が既に重なる辺が決まっている場合は、その辺の隣、つまり、cの隣のdと重なることになり、図のように、重なる辺がわかります。

図7

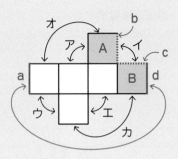

　この方法で、重なる辺を調べたら、その先へ面を移動させることで、展開図の変形が可能になりますので、<u>都合のいい形に変形する</u>ことで、効率良く問題を解くことができるわけです。

実際には、変形までしなくても、重なる辺を調べただけで、わかることが結構あるんだよ。

### >>> 2. 正八面体の展開図

　たとえば、図1の正八面体の展開図は、図2のようになります。<u>正三角形△と▽を交互に6面並べ、その上に1面、下に1面</u>というのが、正八面体の展開図の基本形です（ア）。

上と下の面はどの位置でもOK！

　また、図1の上半分（色の付いた部分）は、図2の色の付いた4面に当たりますが、このような、1頂点の周りに集まる4面で正八面体の半分を構成しますので、展開図もこのような形が2組で構成されることになります（イ）。

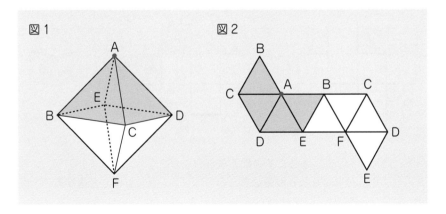

図1

図2

正八面体の展開図もまた、立方体と同様に、重なる辺の先へ移動することで変形が可能ですが、変形してアまたはイのいずれかが満たされれば、組み立てて正八面体になります。

では、正八面体の重なる辺ですが、次のようなルールに従います。

「正八面体になるのはどれか」って問題が出たら、これを思い出して！
（PLAY 4 参照）

① 最初に、120 度をなす辺どうしが重なる
② 次に、その隣どうしの辺が重なる（以下同様）

たとえば、図3のような展開図の場合、次の①→②→③の順に、重なる辺を調べることができます。

図3

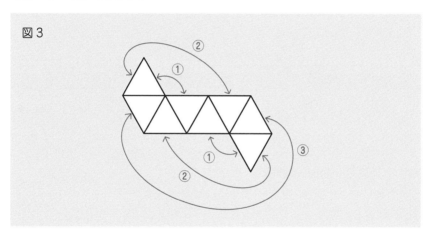

重なる辺がわかったら、その先へ移動できるのは、どの立体でも同じです。

### >>> 3. 向かい合う面の位置関係

立方体の向かい合う面は、展開図では図1のような位置関係になりますね。

同様に、正八面体では、図2のようになります。正八面体でも、立方体と同じように、向かい合う面どうしは平行になります。この位置関係に着目して解く問題もありますので、覚えておいてください。

図1

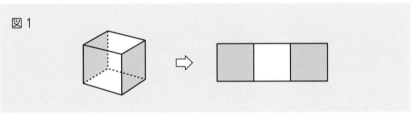

図2

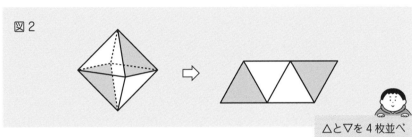

△と▽を4枚並べた端どうしだよ！

### >>> 4. その他の図形の展開図

これまでで、展開図で最初に重なる辺は、立方体では90°、正八面体では120°をなす辺でしたが、これらの角度は、展開図の隣り合う辺の中で最も小さい角度になります。

これは、その他の図形の展開図においても同様で、原則として以下のようなルールに従います。

あくまでも「原則」で、複雑な図形だと例外もあるんだ！
まずは、立方体と正八面体がきちんとできればOK！

① 最初に、最小の角をなす辺どうしが重なる
② 次に、その隣どうしの辺が重なる（以下同様）

## >>> 5. その他の正多面体の展開図

　正四面体の展開図は、図1の2通りの形のみです。辺どうしがなす最小の角は180°で、図の①→②の順で辺が重なります。

図1

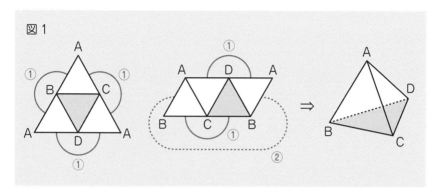

　正十二面体の展開図は、図2のように、1つの正五角形の周りを5つの正五角形が花を咲かせたように囲んだ図が2組で構成されたものが代表的な形となります。組み立てると、右の図のようになり、上面Aの周りに5面（右の図の上半分）と、底面Bの周りに5面（下半分）で構成されるのがわかりますね。

　辺どうしがなす最小の角は①の大きさで、この10組が重なり、さらにその隣どうしの辺が重なっていきます。

図2

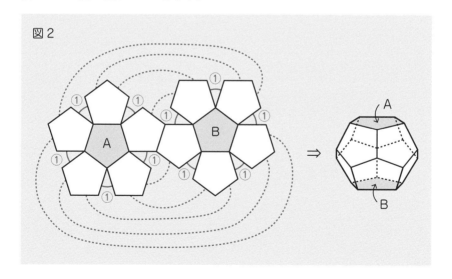

正二十面体の展開図は、図3のように、頂点A，Bの周りにそれぞれ5面と、真ん中に10面で構成されているのが代表的な形になります。

　辺どうしがなす最小の角は①の大きさで、この8組が重なり、さらのその隣どうしの辺が重なっていきます。

図3

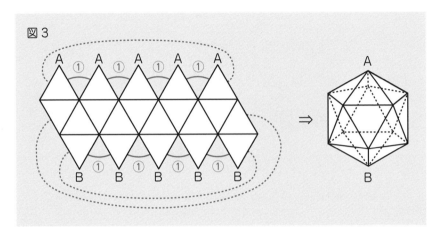

次の図は、立方体の展開図に矢印を描いたものであるが、この展開図を矢印が描かれた面を外側にして組立てたとき、立方体の見え方として、有り得るのはどれか。

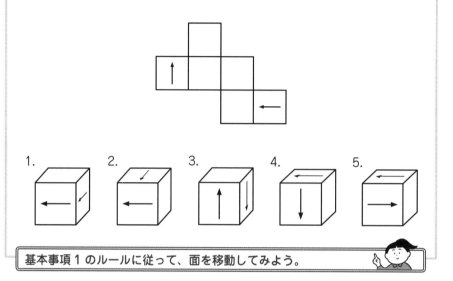

1. 2. 3. 4. 5.

基本事項1のルールに従って、面を移動してみよう。

展開図を組み立てたときの、重なる辺を調べると図1のようになり、矢印の描かれた2面についてアとイの辺が重なることがわかります。

図1

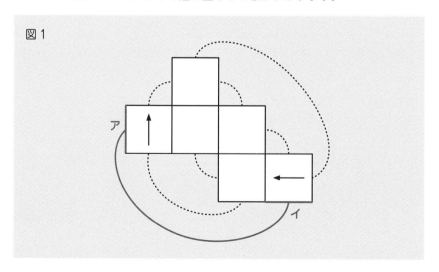

これより、アとイを重ねるよう、左の面を移動させると、図2のようになり、2本の矢印の位置関係が確認できます。

図2

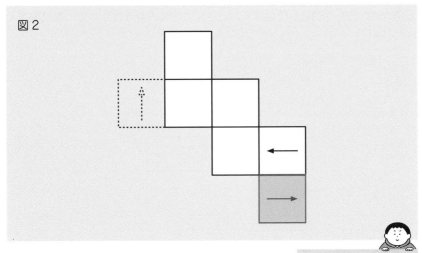

矢印の位置関係がこれと合致するものを選択肢から探すと、正解は肢5とわかります。

肢3は、矢印の向きが違うよね!?

⇨ 正解5

下の図のような一部が着色された立方体の展開図として、最も妥当なものはどれか。

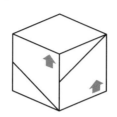

1.
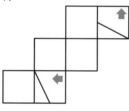

2.
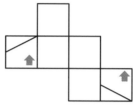

3.
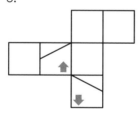

4.
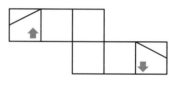

5.
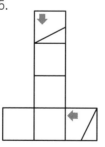

矢印の描かれた2面を並べたときの位置関係が合致するか調べてみよう。

矢印と直線が描かれた2つの面を、図1のように左右に並べ、左の面をA、右の面をBとします。

図1

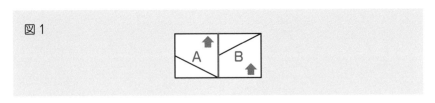

図1の向きで、Aは矢印が右上に、Bは矢印が右下に描かれていることなどから、選択肢の図におけるAとBを見分け、AとBが図1と同じように左右に並ぶかを調べます。

肢1について、重なる辺を調べると図2のようになり、Aの右隣にBが並んで、図1と合致することがわかります。

肢2については、図3のように、Bの左の辺はAの下の辺と重なり、AとBは図1のように並ぶことはありません。

図2                    図3

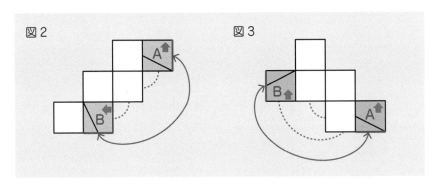

また、肢3,4については、図4のように、Bの左隣にはいずれもA以外の面（図のC）が並ぶことになり、図1と合致しません。

図4

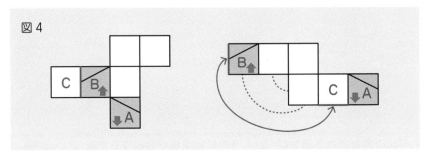

さらに、肢5については、図5のように、Aの太線の辺（図1のAの右の辺）

の隣にBが並ぶことはなく、合致しません。

図5

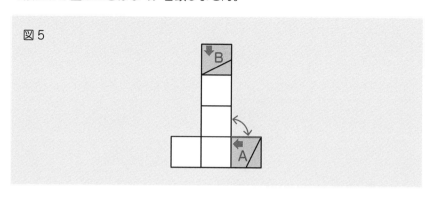

よって、正解は肢1です。

　下の図のような一部が着色された立方体の展開図として、最も妥当なものはどれか。

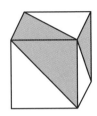

1.

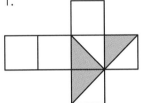

2.

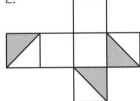

3.

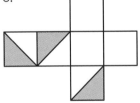

4.

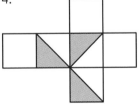

5.

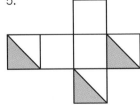

着色された３面が集まっている頂点に着目かな！

まず、着色された3面の位置関係と特徴について考えます。

これらの3面は、図1の頂点Pの周りに集まっていますが、各面の頂点Pの部分の色（黒とします）の付き方を見ると、図2のように、アとウの面は「半分が黒」、イの面は「全部黒」とわかります。

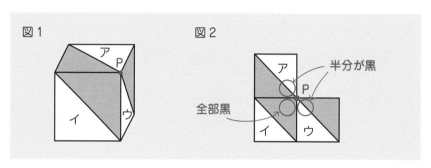

これより、選択肢の図について、着色された3面が集まる点（P）を探し、その色の付き方を調べると、肢1，4については、図3のように、Pに集まる3面はいずれも「半分が黒」であり、図2と合致しません。

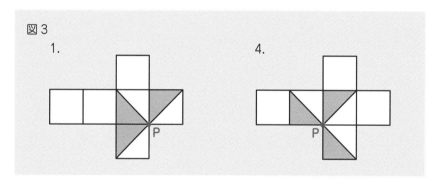

また、肢2，3についても、重なる辺を調べると図4のようになり、それぞれPに当たる点がわかりますが、そこに集まる3面はいずれも「半分が黒」で、合致しません。

図4

2.                                                3.

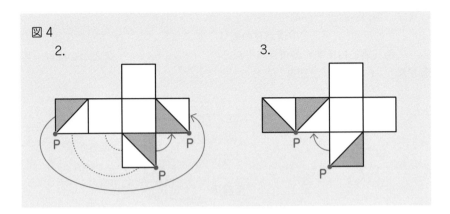

　残る肢5についても、同様に重なる辺を調べると図5のようになり、Pに集まる3面は、「半分が黒」が2面と「全部黒」が1面とわかります。

　また、さらに、図のように重なる辺の先へ面を移動させると図6のようになり、さらに、図6のアの面を移動して向きを変える（逆さにする）と図7のように、図2と合致することがわかります。

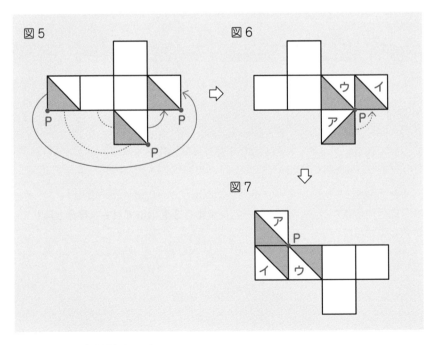

　よって、正解は肢5です。

## PLAY 4　正八面体の展開図の問題　東京消防庁Ⅲ類 2009

次の図のうち正八面体の展開図として、最も妥当なのはどれか。

1.

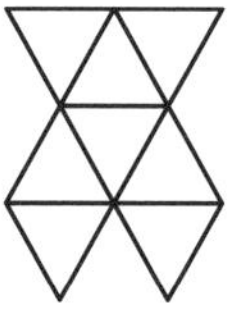

2.

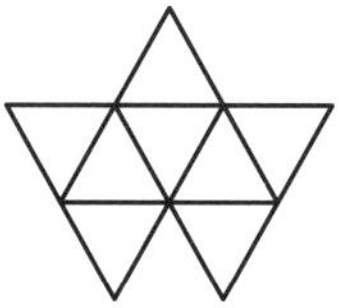

3.

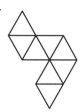

4.

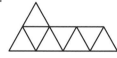

5.

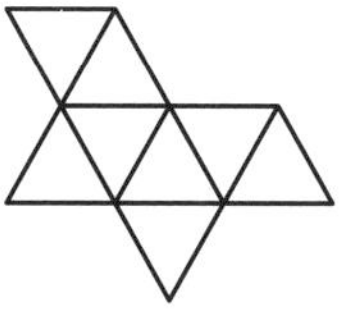

**基本事項２を理解していれば、本問は秒殺！**

図１のように、肢１～３については、いずれも点Ｐの周りに５枚の面が集まっており、これでは正八面体にはなりません。

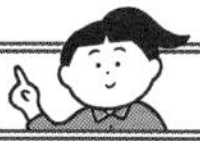

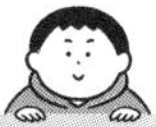

各頂点に集まる面は４枚だからね！

図１

1.

2.

3.

また、肢４は図２の色付きの４面で、正八面体の半分を構成できますが、残る４面でもう半分を構成することはできません。

横に７枚並んだ時点でNGだからね！

残る肢５については、図３の色分けをした４面ずつでそれぞれ正八面体の半分を構成し、展開図として妥当です。

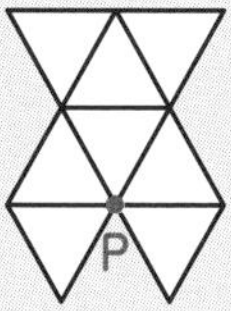

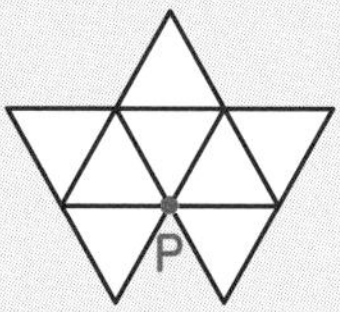

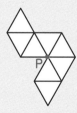

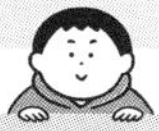

図2

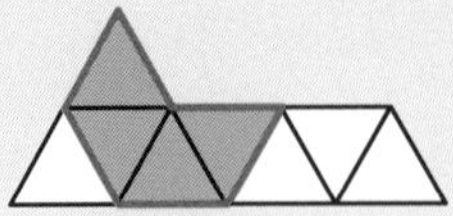

図3

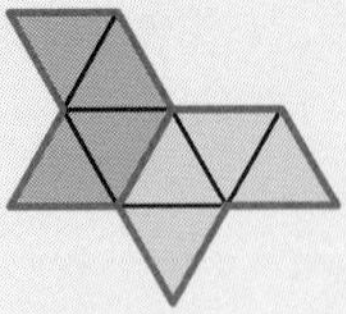

➡ 正解5

## PLAY 5 正八面体の展開図の問題

東京都Ⅲ類 2013

下図のような展開図を組み立ててできた正八面体を見た図として、正しいのはどれか。

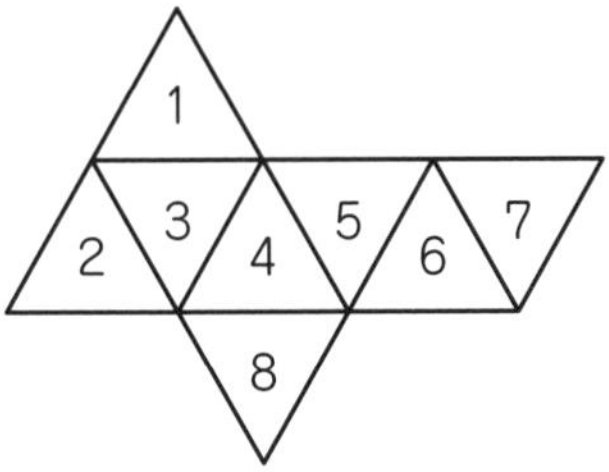


1.

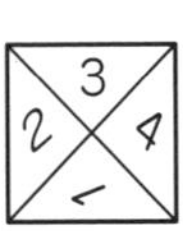


2.

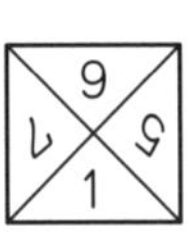


3.

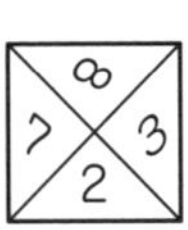


4.

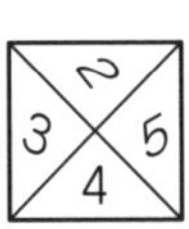


5.

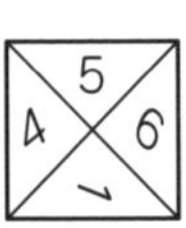


1つの頂点に集まる4面の位置関係が合っているのを選ぶんだね。数字の向きにも注意して！

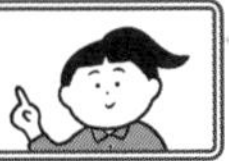

選択肢の図はいずれも、1つの頂点を囲む4面が示されていますので、それぞれの数字の並びが、展開図のそれと合致するかを確認します。

選択肢の図に描かれた数字を見ると、**数字の向きも考慮すべき**ことがわかりますね。

**肢1** （1，2，3，4）が1頂点の周りに並んでいますが、この4面は、展開図では図1のようになり、1頂点の周りに並ぶことはありません。

図1

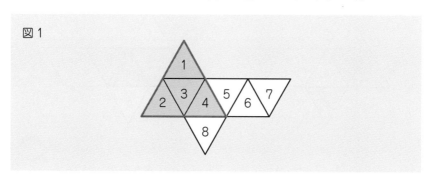

**肢2** （1，5，6，7）が1頂点の周りに並んでいますので、これを展開図で確認します。

図2のように「1」の面を移動させると、1頂点の周りに並ぶことがわかり、<u>数字の並び方は合致します</u>。

また、肢2の図形を逆さにすると、図3のようになり、**数字の向きも合致する**ことがわかり、これが正解です。

> どちらも、反時計回りに、1→5→6→7と並んでいるね！

図2

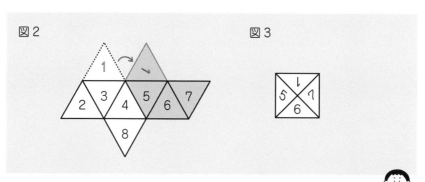

図3

**肢3** 同様に（2，3，8，7）が並んでおり、これらが囲む真ん中の頂点は、<u>図4の点Pと考えられます。</u>

> 「2」の真上の頂点だね！

しかし、この場合、「3」の隣には「8」ではなく「1」が来ることになり、合致しません。

**肢4** 同様に（2，3，4，5）が並んでいますが、展開図では図5のようになり、1頂点の周りに並ぶことはありません。

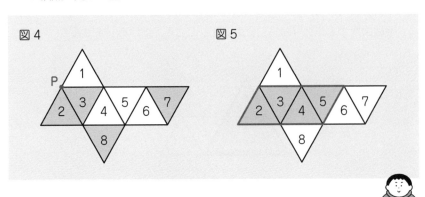

図4

図5

**肢5** 同様に（1，4，5，6）が並んでおり、その真ん中の点は<u>図6の点Q</u>と考えられます。しかし、「4」の隣は「8」となり、「1」が来ることはありません。

「5」の真下の頂点だね。

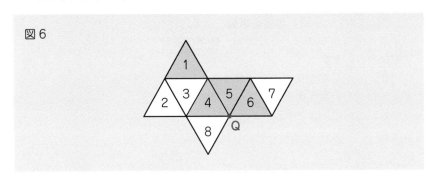

図6

⇨ 正解2

318

次のア〜エの正八面体の展開図のうち、組み立てたときに同じ模様となるものの組み合わせはどれか。

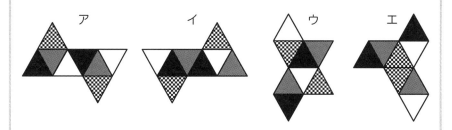

1. アとイ
2. アとウ
3. イとウ
4. イとエ
5. ウとエ

正八面体の向かい合う面（基本事項3）に着目して！

4 種類の模様の面はいずれも 2 面ずつありますので、これらの位置関係に着目します。

まず、アについては、図 1 のように A の面を移動させると、どの模様の面も、2 面が互いに平行に向かい合う位置関係であることがわかります。

「基本事項3」で確認したよね!?

同様に、イについても、図 2 のように B の面を移動させると、網模様の 2 面と、グレーの 2 面はそれぞれ平行な位置関係とわかりますが、白と黒の各 2 面については、それぞれが平行にはならないことがわかります。

よって、アとイは同じにはなりません。

図1

図2

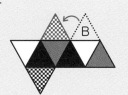

次に、ウについて同様に調べると、やはり同じ模様の2面どうしが平行になることがわかります。

　また、エについては、グレーの2面は平行になりますが、それ以外の模様の面はいずれも平行にはならず、ア〜ウのいずれとも同じにはならないことがわかります。

　よって、ア〜エで同じになるのは、アとウとわかり、正解は肢2です。

　ちなみに、ウは図3のようにCとDの面を移動させ、右に60°回転させると、図1のアの展開図と合致することがわかります。

図3

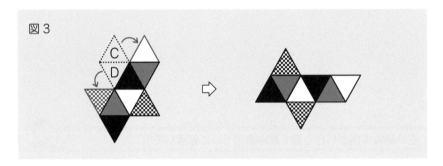

⇨ 正解2

　下図のように模様が描かれている正四面体の展開図がある。これらを、模様が表面になるように組み立てると、5つの正四面体のうち4つは模様の配置が同じものであるが、1つだけ他の4つの正四面体と模様の配置が異なる。このとき、模様の配置が異なっている正四面体の展開図として、最も妥当なのはどれか。

1.

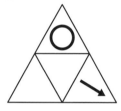

2.

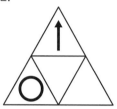

3.

4.

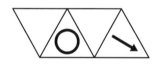

5.

> 正四面体の展開図の形は2通りだけ（基本事項5）。○と↑の位置関係を確認して！

　図1のように、矢印（↑）が描かれた面の各頂点をABCとします。

図1

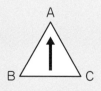

　正四面体の展開図は、180°をなす辺が重なりますので、図2のように、面ABCと○が描かれた面の位置関係を調べると、肢1，2，3，5は、いずれも、○が描かれた面は辺ABの隣にくるとわかりますが、肢4

> 隣り合うように並べると、どうなるかを考えるんだ！

だけは、辺ACの隣になり、この2面
の位置関係が異なることになります。

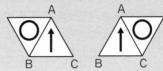

○の面を移動すると、こうなるよ。

肢1, 2, 3, 5　　　肢4

図2

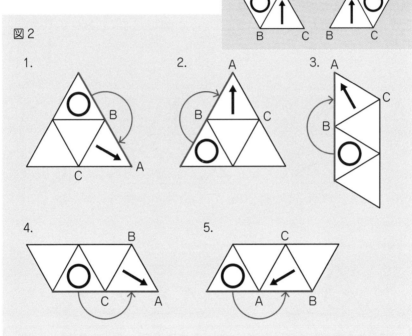

1.

2.

3.

4.

5.

よって、正解は肢4です。

➡ 正解 4

図のような正十二面体の展開図に、A，B，Cのように、赤，黄，青，緑の
いずれかの色を塗り、これを組み立てて正十二面体にしたとき、隣り合う面の
色が全て異なるもののみを全て挙げているのはどれか。

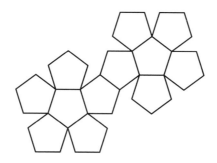

A.

B.

C.

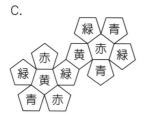

1. B
2. C
3. A，B
4. A，C
5. B，C

ちょっと複雑になるけど、重なる辺の調べ方は、今までと同じだ
よ。

ルールに従って、展開図の重なる辺を調べていくと、図のように、Aは緑どうしと赤どうし、Cは緑どうしと青どうしがそれぞれ隣り合っているのがわかります。

　Bについては、図のように、隣り合う面の色はいずれも異なると確認できます。

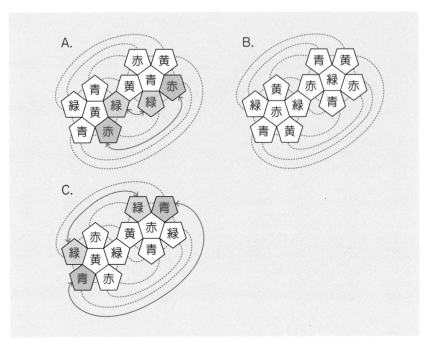

よって、隣り合う面の色がすべて異なるのはBのみで、正解は肢1です。

⇨ 正解 1

## PLAY 9 特殊な図形の展開図の問題

東京都III類 2009

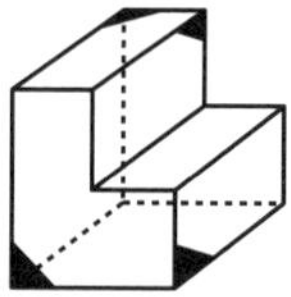

左図のような一部が着色された立体の展開図として、妥当なのはどれか。

1.

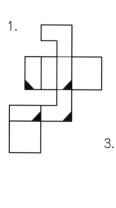

2.

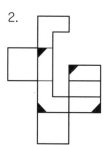

3.

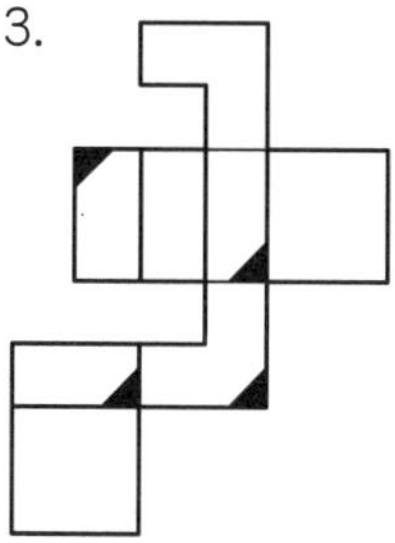

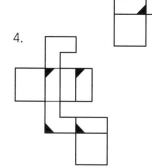

4.

5.

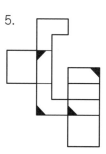

着色された面の位置関係を、与えられた図と照らし合わせながら調べてみて。

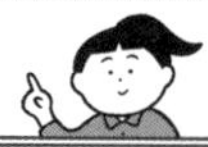

着色されているのは、図1のア～エの4面で、ア～
ウは同じ大きさの長方形、エはL字型の図形ですね。

この枚数は、どの選
択肢も OK だね!?

図1

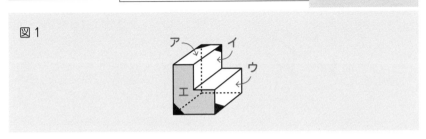

この中では、エが最も特徴がありますので、これを中心にそれぞれの選択肢
を検討します。

**肢1** 図2のように、エを中心にして見ると、アの面の着色の位置が正しくな
いことがわかります。

**肢2** 同様に、ウの面の着色の位置が正しくありません（図3）。

**肢3** 肢1と同様です（図4）。

図2　　　　　　　図3　　　　　　　図4

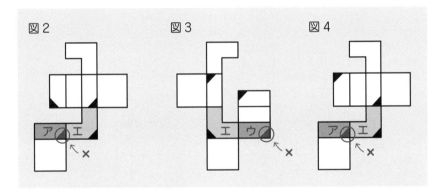

**肢4** 図5のように、エを中心に見ると、ア，ウの面
の着色の位置は正しいですが、アと隣り合うイに
当たる面に着色がなく、着色された面が異なるこ
とがわかります。

イとウの間の面に着
色があるね!

**肢5** 図6のように、着色された部分の位置関係は正しいことが確認でき、こ
れが正解です。

326

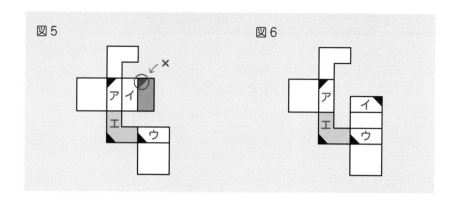

図5

図6

➡ 正解 5

　図のように、二つ組み合わせることで正八面体となる立体の展開図の組合せ
として正しいのは次のうちではどれか。

　なお、点A〜Fは正八面体の辺の中点である。

1. ア，イ
2. ア，エ
3. イ，ウ
4. イ，エ
5. ウ，エ

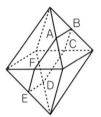

ア.

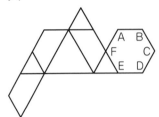

イ.

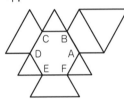

ウ.

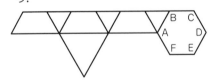

エ.

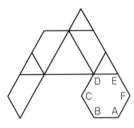

大きな正三角形と正六角形の位置関係に着目かな！

２つ組み合わせて正八面体になるということですが、逆に、正八面体を六角形ＡＢＣＤＥＦで２つに切断した形だとみればいいでしょう。

　そうすると、六角形から半分の図を見ると、図１のように、六角形の周りには、Ｘのような小さな正三角形と、Ｙのような台形が交互に並ぶことがわかり、六角形と向かい合う大きな正三角形（正八面体の１つの面）は、<u>六角形とは接点を持たないことになります</u>。

向かい合っているんだから、くっつくはずないよね!?

図１

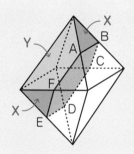

　ここで、エについてみると、図２のように、六角形と大きな正三角形が、点Ｐで接しているのがわかり、展開図として不適です。

　また、ウについても、図３のように辺を重ねると、同様に点Ｑで接することになり、不適です。

図２　　　　　　　図３

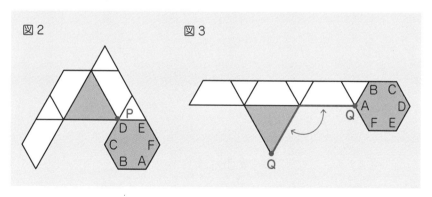

　よって、残るアとイを組み合わせることになり、正解は肢１です。

　ちなみに、アとイのそれぞれについて、問題の図と照らし合わせながら、重なる辺を確認すると図４のようになり、与えられた図の展開図として妥当であることがわかります。

図4

ア.

イ.

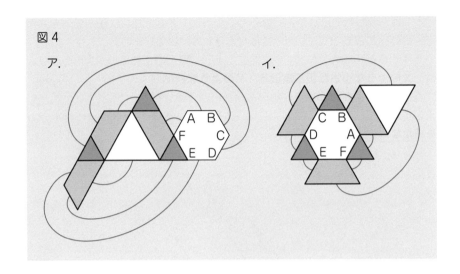

⇨ 正解 1

# サイコロと位相

(頻出度 ★★☆☆☆) (重要度 ★★★☆☆) (コスパ ★★★★☆)

「位相」という「点と線の関係」を考える問題です。これ自体の問題（PLAY6 など）は、それほど多くはありませんが、「位相図」を使って解く「サイコロ」 の問題はわりと頻出です。

## 基本事項

>>> **一筆書き**

一筆書きができる図形には、次のような条件があります。

> 一筆書きが可能　→　奇点が0個または2個

「奇点」というのは、**奇数本の線が集まる点**のことで、偶数本の線が集まる 点は、「偶点」といいます。

たとえば、次の図1で、頂点A，Cにはそれぞれ2本、B，Dにはそれぞれ 3本の線が集まっていますので、A，Cは偶点、B，Dは奇点です。

この図を、Aから始めて一筆書きをしようとすると、たとえば、図2のよう に、A→B→C→D→Bと書いたところで止まってしまい、一筆書きは完成 しません。これは、Bに集まる線が3本しかないため、図の①でBに入り、② で出て、③で入って、その後の出口がないので、ここで止まってしまうわけで す。

図1

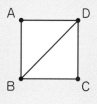

図2

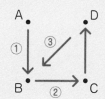

このように、入って、出て、入って…とつながっていくには、偶数本の線が集まっていることが必要で、奇数本だと最後の出口がなく、次につながっていきません。

しかし、そこが終点であれば、止まってもOKですね。また、始点についても、そこから「出る」から始まりますので、奇点でもOKです。

すなわち、「奇点が2個」というのは、その2個が始点と終点になれば一筆書きができることになり、図1についても、BとDを始点と終点とすれば、一筆書きができます。

> たとえば、
> B→A→D→C→B→D
> のようにね！

また、「奇点が0個」の場合は、すべて偶点ですから、どこを始点として書き始めても、最後は始点に戻ってきます。

よって、一筆書きができる図形の条件は「奇点が0個または2個」ですが、「0個」と「2個」で、次のような違いがあることになります。

奇点が0個　→　始点と終点が一致する
奇点が2個　→　一方が始点、もう一方が終点となる

　図Ⅰのように「い」,「ろ」,「は」,「に」,「ほ」,「へ」の文字が書かれた展開図がある。この展開図の破線部を山折りにしてできた立方体を図Ⅱのように置いた後、立方体の面と同じ大きさのマス目の上を滑ることなく1,2,3,4の順に90°ずつ回転させた。このとき、4の位置で立方体の上面に書かれている文字として、正しいのはどれか。

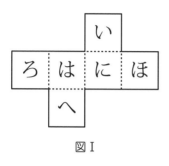

図Ⅰ

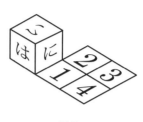

図Ⅱ

1. い　　　2. ろ　　　3. は　　　4. に　　　5. ほ

位相図という方法が便利に使えるよ。本問は、文字の向きは気にしなくていいかな！

　このような問題は、立体を平面化した「位相図」に表すのが便利です。

　与えられた立方体の位相図は、図1のような図になり、中央の四角が上面、その周りの台形が側面に当たります（文字の向きは考慮しません）。底面は図の中には示されませんので、図のように（　）で記します。

点と線の関係を保ったまま、立体を平面化した図のこと。大きさや形は無視していいときに、よく使うよ！

本問は、「上面の文字」が何かわかればいいので、向きまで気にしなくてOK！

図1

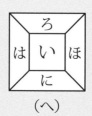

（へ）

ここで、図2のように、最初の位置の位相図を描き、1→2→…と回転したときの各面の文字を位相図に書き込みます。

　まず、1の位置に来たところで、「に」が底面になり、「ろ」が上面に、底面にあった「へ」が側面に来て、図3のようになります。

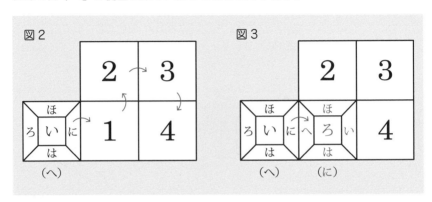

図2　　　　　　　　　　　　　　　　　　図3

　以下、同様に、回転した先の面に文字を書き込むと、図4のようになり、4の位置での上面は「ろ」の面とわかります。

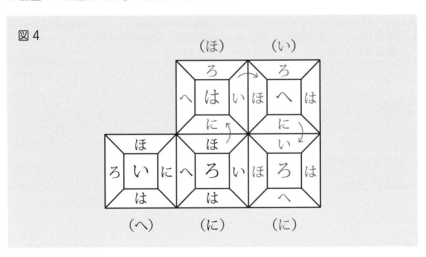

図4

　よって、正解は肢2です。

⇨ 正解2

次の図 I に示される展開図のサイコロを、図 II の盤面右手前のマス目に置き、図 III のように滑ることなく転がし、ゴールの位置まで達したとき、盤面真上から見たサイコロの目として、最も妥当なのはどれか。ただし、マス目の大きさとサイコロの面の大きさは同じとする。

図 I

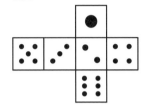

図 II

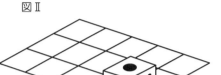

図 III

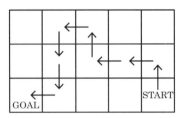

1.　　　　2.　　　　3.　　　　4.　　　　5.

サイコロを転がした先の目の位置を調べるよ。位相図は手早く描けるよう練習しよう。

問題の展開図より、サイコロの向かい合う面は、和が7になることがわかります。これより、スタートの位置でのサイコロの目（数字）を位相図に示すと、図1のようになります。

本問も、上面の数字さえわかればいいので、これで十分！

図1

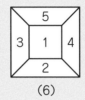

(6)

　ここから、PLAY1と同様に、ゴールまでを位相図で調べると、図2のようになります。

図2

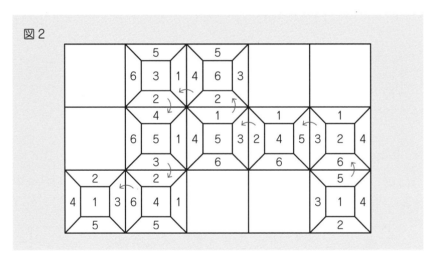

　よって、ゴールの位置での上面の目は「1」とわかり、正解は肢1です。

　　　　　　　　　　　　　　　　　　　　　⇨ 正解 1

　相対する面の目の数の和が7の、同じつくりのサイコロ4つを使い、次の図のように、接する面の目の数が同じになるように組み合わせた。このとき、Aの面にくる目の数とBの面にくる目の数の和として、正しいのはどれか。

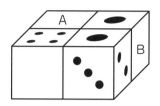

1. 5　　2. 6　　3. 7　　4. 8　　5. 9

サイコロの1頂点に集まる面の目の配置を考えてみよう。

　4つのサイコロの目を位相図に整理します。まず、見えている目の数を記入して、図1のようになります。また、向かい合う面の目の数の和は7になるよう記入すると、図2のようになります。

　さらに、接する面の目の数は同じになるので、図3のアとイの面がそれぞれわかり、その向かいの面の目の数を記入します。

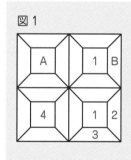

図1

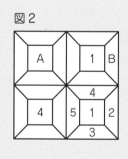

図2

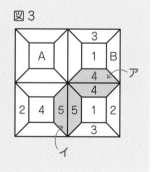

図3

　ここで、図4の①のサイコロについて、目の並びを確認すると、1つの頂点の周りに、1→4→5と反時計回りに並んでいるのがわかります。

　そうすると、②のサイコロについても、1→4→Bと反時計回りに並んでいますので、Bは5で、その向かいのウの面は2となります。

　また、③のサイコロについても、4と5の面がわかっていますので、○→4→5と反時計回りに並ぶところを探すと、図のエの面が1で、その向か

いの面は6となります。

図4

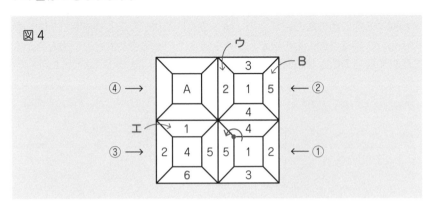

　これより、図5の④のサイコロのオとカの面が図のようにわかります。
　そうすると、1つの頂点を囲んで1→2→Aと反時計回りに並ぶことがわかりますので、①のサイコロで調べると、1→2→4と反時計回りに並んでいますので、Aは4となります。

図5

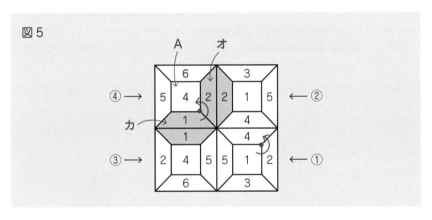

　よって、AとBの目の数の和は、4＋5＝9となり、正解は肢5です。

　相対する面の目の数の和が7であり、かつ、目の相互の位置関係が同一であるサイコロ4個を図のように配置した。サイコロどうしが接し合う面の目の数の和がすべて等しいとき、A面の目は次のうちどれか。

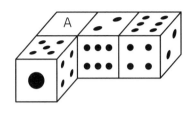

1.　2.　3.　4.　5.

（各選択肢のサイコロの目の図）

> 本問も、1頂点に集まる面の目の配置に着目かな！

　4つのサイコロの目を位相図に整理します。本問のサイコロも、向かい合う面の目の和が7になりますので、見えているところとその向かいを記入して、図1のようになります。
　そうすると、図2の①のサイコロで、1頂点の周りに、6 → 2 → 4 と時計回りに並んでいますので、②のサイコロの目の数が図のようにわかり、①と②のサイコロは、5の面と4の面が接していることがわかります。

図1　　　　　　　　　　　　　図2

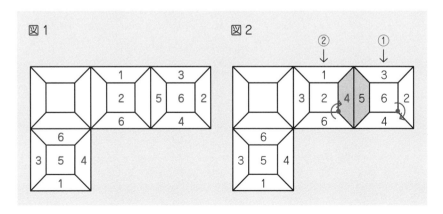

ここで、条件より、接し合う面の目の数の和はいずれも同じですが、これが9であることがわかりました。

　そうすると、図3のように、③のサイコロのアとイの面の数がそれぞれ図のようにわかり、その向かいの面の数もわかります。

　さらに、②のサイコロで、3→6→2と反時計回りに並んでいることから、③のサイコロでも同じように並ぶことを考えると、Aは2とわかります。

図3

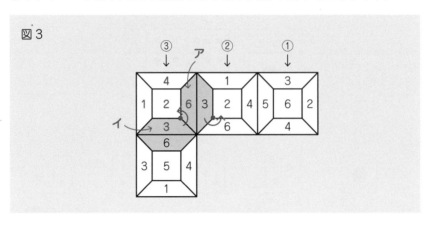

　よって、正解は肢2です。

⇨ 正解2

　下図のように、同じサイコロ7個が面を接して並んでいる。この状態において、互いに接しているすべての面の目の数の計に、A～Cの各面の目の数を加えた値が54であるとき、Aの面の目の数として正しいのはどれか。ただし、サイコロの任意の面とその反対側の面の目の数の和は7である。

1. 1　　2. 2　　3. 3　　4. 4　　5. 5

もう1問、数量条件から考える、サイコロのちょっと変わった問題を解いてみよう！

　本問は、位相図まで描かなくてもいい問題ですが、一応、位相図を使って解説をします。
　サイコロの互いに接している面は、次ページの図のア～シで、これとA～Cの面の目の数の合計が54となります。
　本問でも、サイコロの向かい合う面の目の数の和は7ですから、（イ，ウ）（エ，オ）（カ，C）（B，キ）（ク，ケ）（コ，サ）はそれぞれ和が7になります。
　そうすると、この6組（12面）の目の数の合計で、7 × 6 = 42になりますね。

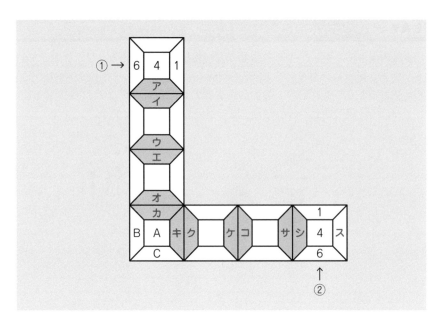

　また、図の①と②のサイコロは、ともに上面が 4 で、向きが異なるだけですから、アの面とスの面が同じ目であることがわかります。

　これより、ア＋シ＝ス＋シ＝ 7 となり、ここまでで、ア～シと B と C の目の数の合計が、42 ＋ 7 ＝ 49 となります。

　そうすると、これに A の目の数を加えて 54 なので、A ＝ 54 － 49 ＝ 5 となり、正解は肢 5 です。

⇨ 正解 5

## アドバイス

　ここで紹介した問題は、いずれもサイコロの目の数だけを考えればよかったので、位相図には数字で記入したけど、問題によっては、目の向きも考えることがあるからね。

　たとえば、同じ「3」でも次の2通りがあるでしょ!?

　こういうときは、とりあえず、どの数になるかだけ先に求めて、与えられた図から向きを判断することになるね。

　また、向かい合う面の目の数についても、ここで紹介した問題はいずれも和は「7」だったね。ほとんどの問題はそうだけど、たまに違うこともあるので、注意してね!

何本かの伸縮折り曲げ自在のひもを結び合わせてできる図形を考える。この図形は、結び目どうしは重ねることができないが、ひもの長さ、方向、曲がり具合については、自由に動かすことができる。たとえば次の図のように、図形Aから図形Bをつくることができる。

このとき、図形Cからつくることができるものとして最も妥当なのはどれか。

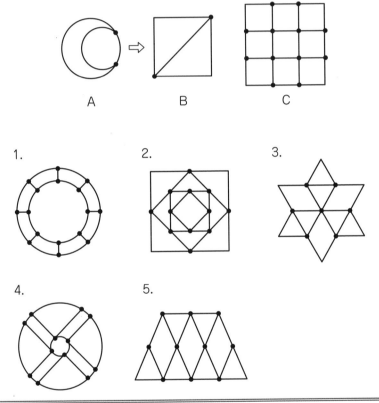

点と線の位置関係が同じになる図形を選ぶわけね。点、線、面の数などもポイントになるよ。

ひもは、伸縮折り曲げ自在で、形や大きさは自由に変えられます。

　しかし、条件より、結び目どうしは重ねられないので、結び目の数は変わりませんし、図1の①〜⑨のような、閉じられた図形の数も変わりません。

　これより、まず、図形Cの結び目の数を数えると、図2のように12個であることがわかり、選択肢の図形も同様に数えると、<u>肢2と肢4が合致します</u>。

肢1は16個、肢3は7個、肢5は10個だね。

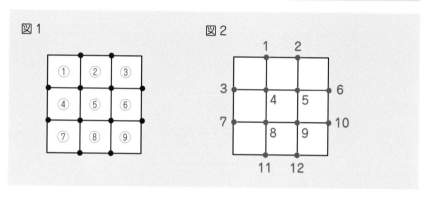

　また、閉じられた図形の数は、図1のように9個ですから、肢2，4について同様に数えると、図3のように、肢2は13個で合致しないことがわかります。

肢4と図1の①〜⑨が対応しているので、点と線の関係が合致していることを確認してみてね！

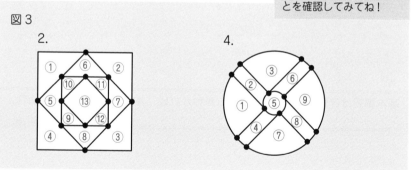

　よって、正解は肢4です。

⇨ 正解4

下の図のA～Eの図形のうち、一筆書きで描くことができるものの組合わせとして、正しいのはどれか。ただし、一度描いた線はなぞれないが、複数の線が交わる点は何度通ってもよい。

A

B

C

D
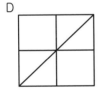

E

1. A，B，D
2. A，C，E
3. B，C，D
4. B，C，E
5. B，D，E

基本事項は確認したかな？ ルールがわかれば、本問は超カンタン！

A～Eそれぞれについて、奇点の個数を数えると、図のように、AとEは2個、BとDは6個、Cは0個となります。

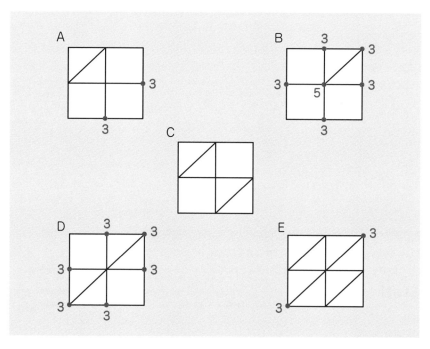

　よって、「奇点が0個または2個」という条件を満たすのは、A，C，Eで、正解は肢2です。

⇨ 正解2

# Staff

編集
堀越美紀子

ブックデザイン・カバーデザイン
越郷拓也

イラスト
くにとも ゆかり

校正
西川マキ　甲斐雅子　高山ケンスケ

編集アシスト
平井美恵　小野寺紀子

エクシア出版の正誤情報は、
こちらに掲載しております。
https://exia-pub.co.jp/
未確認の誤植を発見された場合は、
下記までご一報ください。
info@exia-pub.co.jp
ご協力お願いいたします。

## 著者プロフィール

### 畑中敦子

大手受験予備校を経て、1994年より、LEC東京リーガルマインド専任講師として、公務員試験数的処理の受験指導に当たる。独自の解法講義で人気を博し、多数の書籍を執筆した後、2008年に独立。

現在、(株)エクシア出版代表取締役として、執筆、編集、出版活動を行っている。

## 畑中敦子の
## 初級ザ・ベストNEO 判断推理

2021年7月4日　初版第1刷発行

著　者：畑中敦子
　　　　© Atsuko Hatanaka 2021 Printed in Japan

発行者：畑中敦子

発行所：株式会社 エクシア出版
　　　　〒101-0031　東京都千代田区東神田2-10-9

印刷・製本：中央精版印刷株式会社

ISBN 978-4-908804-74-8　C1030